베블렌의
소유의 기원
여성 의상의 경제학

소유의 기원
여성 의상의 경제학

초판인쇄일 | 2021년 12월 21일
초판발행일 | 2021년 12월 31일
지은이 | 소스타인 베블런(Thorstein Veblen)
옮긴이 | 정헌주
펴낸곳 | 간디서원
펴낸이 | 김강욱
주　소 | (06996) 서울 동작구 동작대로 33길56(사당동)
전　화 | 02)3477-7008
팩　스 | 02)3477-7066
등　록 | 제382-2010-000006호
E_mail | gandhib@naver.com
ISBN | 978-89-97533-43-5 (03300)

＊잘못된 책은 바꾸어 드립니다.

베블렌의

소유의 기원
여성 의상의 경제학

소스타인 베블런(Thorstein Veblen) 지음
정헌주 옮김

간디서원

일러두기

- 이 책은 베블런이 여러 저널에 기고한 글을 모아 편집한 *Thorstein Veblen on Culture and Society*(ed. Stjepan Mestrovic, SAGE Publications)와 *Essays in Our Changing Order*(ed. Leon Ardzrooni, The Viking Press, 1954)에 실린 것을 발췌하여 번역한 것이다.
- 차례의 부제목과 본문의 소제목은 책 구성의 편의를 위해 옮긴이가 붙인 것이다.
- 원문에 있는 인명, 지명 등 각종 고유명사는 외래어 한글 표준 표기법을 준용하였다(단 관행적으로 사용하고 있는 외래어는 그대로 사용하였다).
- 원문에 있는 인명, 지명, 사건 등에 대해 옮긴이가 첨가한 주석은 주로 위키백과, 다음백과, 네이버지식백과, 철학사전, 인명사전 등을 참조하여 정리한 것임을 밝혀둔다.
- 본문에 있는 대괄호[ ]는 독자들의 이해를 위해 옮긴이가 첨가한 것이며, 소괄호( )는 원문에 있는 내용이다.

차례

옮긴이 서문 • 9

1부 소유권과 현대 여성

Ⅰ. 여성 의상의 경제학 • 23
  장식 원리는 의상의 기원 • 25
  여성 사치성의 본질 • 28
  여성이 모피를 좋아하는 이유 • 30
  과시적 낭비는 모든 의상의 원리 • 33
  여성 의상의 세 가지 주요 원리 • 36

Ⅱ. 야만시대 여성의 지위 • 41
  여성 금기는 약탈문화에서 기원 • 43
  전리품인 포로 여성의 지위 • 47
  용감한 사람만이 미인을 차지한다 • 49
  결혼은 예속 상태로 편입되는 입문 의례 • 52
  가부장제의 근원은 엄격한 소유권 제도 • 55
  부계 가계로 귀결된 결혼제도는 영원불변일까? • 57

Ⅲ. 소유권의 기원 • 61
  소유권의 근거는 생산적 노동 • 63

원시인의 소유개념과 사유습관 • 66

소유권의 형성과정 • 71

소유권 제도는 약탈적인 생활습관으로 이행하면서 출현 • 77

포로 여성은 개인 소유권의 시작일까? • 80

포로 여성과 혼인형태는 가부장제 가정의 원형 • 82

2부 자본주의 사회와 노동

IV. 약탈문화의 기술 • 87

인간은 집단유전의 산물 • 88

소유권 개념의 탄생과 문화 • 92

V. 제작능력과 노동의 지루함 • 95

노동을 싫어하는데, 스포츠는 왜 좋아하는가? • 98

인간은 제작능력을 향상시킨 사회적 동물 • 105

약탈적 생활은 도구사용이 발달한 후에 나타났다. • 110

약탈문화에서 형성된 노동은 비천하다는 관념 • 117

VI. 현대 문명에서 과학의 위상 • 121

현대 문명인들의 과학 숭배 • 125

어떻게 과학을 숭배하게 되었는가? • 127

고대엔 의인화하거나 물활론적인 설명을 했었다 • 131

과거에는 우주 자연의 법칙을 권위있는 법령이나 상징적 힘으로 설명했다 • 136

산업발달로 제도와 생활습관의 변화와 함께 과학적 탐구방법과
정신이 등장하다 • 139

기술 발달로 자연현상의 해석은 의인화를 벗어나게 되었다 • 142

3부 전쟁과 평화

Ⅶ. 사보타주 • 149

기업가와 노동자 모두의 용어 사보타주 • 151

생산량 조절도 일종의 사보타주 • 155

생산량 조절은 기업이윤의 극대화를 위해서다 • 159

기득권층의 이익을 위해 국가가 하는 사보타주들 • 164

Ⅷ. 볼셰비즘은 누구에게 위협이 되는가? • 171

기득권층의 소유권 폐지와 볼셰비즘 • 177

확고한 기반을 다진 볼셰비즘 • 182

볼셰비즘은 누구에게 위협이 되는가? • 188

Ⅸ. 볼셰비즘을 택할 것인가 아니면 전쟁을 택할 것인가 • 193

볼셰비즘은 기존 법률과 관습을 타파한다 • 196

부재자 소유권을 위협하는 볼셰비즘 • 201

부재자 소유권을 지키기 위한 기득권 세력의 '전쟁기도와 전쟁소
문' • 205

찾아보기 • 209

옮긴이 서문

소스타인 베블런(Thorstein Veblen: 1857~1929)은 『유한계급론(The Leisure Class)』(1899)으로 잘 알려져 있을 뿐만 아니라 '과시적 소비', '밴드 왜건' 등 베블런의 영향을 받은 용어들이 일상생활에서도 사용될 만큼 우리에게 친숙한 인물이다. 그럼에도 베블런에 대한 소개나 연구는 미흡하고 그 이상으로 진전되지 못하고 있는 실정이다. 베블런의 저작도 『유한계급론』 이외에는 번역된 저작이 없다. 『유한계급론』이 베블런의 대표적인 저작이고 이후의 어떤 저작과 저술도 『유한계급론』만큼 주목을 끌지 못했지만, 『유한계급론』은 베블런의 사상체계의 출발점이지 완성작이 아니다.

실제로 베블런은 당시 고전파 경제학이 주류경제학으로 자리 잡고 있는 상황에서 이를 비판한 『유한계급론』으로 일약

스타 경제학자로 부상한 것은 사실이다. 하지만 그 이후의 저작과 저술이 뒷받침되지 않았다면 베블런은 고전사회학자로서 지금까지 회자되지 않았을 것이다. 여기서는 베블런의 주요 저술을 소개하여 베블런 사상체계에 한 걸음 더 나아가 『유한계급론』의 남은 뒷자리를 메우고자 한다.

『유한계급론』은 자본가는 합리적 행동을 하는 합리적 행위자로 보는 고전파 경제학의 논리와 달리 당시 비합리적 행동으로 일관한 미국 자본가의 행태를 고발한 저작으로 주류경제학에 대한 도발이었고, 미국 자본주의를 비판한 최초의 저작이라 할 수 있다. 따라서 주류경제학계에서 보면 베블런은 이단아였다. 이로써 베블런의 『유한계급론』은 합리주의에 기초한 고전파 경제학에 대응하는 제도학파 경제학의 단초가 되었다.

노르웨이 이민자 집안에서 태어난 베블런은 사회적으로도 비주류였고 학문적으로도 비주류였음에도 불구하고 『유한계급론』은 학계뿐만 아니라 일반 대중 사이에서도 큰 반향을 불러일으켰다. 『유한계급론』에서 나타났듯이 베블런은 고전파 경제학의 합리주의 가정을 비판하고 당시 미국 자본주의의 비합리적 행태를 사회·정치 제도와 관련지어 설명한다. 이로써 베블런은 고전파 경제학과 달리 경제현상에 대한 설명에 머물지 않고 여러 사회·정치제도를 복합적으로 설명하는 제도학파 경제학을 수립하고 나아가 사회학자로서도 명성을 남겼다. 그럼에도 베블런은 비주류 세계에 머무르면서 늘 고립된 생활을 했고, 마지막 순간도 외롭게 생을 마감했다.

이처럼 베블런은 그 명성과 인기에도 불구하고 늘 비주류 생활을 했다. 베블런의 비주류 생활은 태어나면서부터 시작되었다. 베블런은 노르웨이 이민가족으로 1857년 위스콘신의 작은 마을에서 열두 형제 중 여섯째 아들로 태어났다. 베블런 가족은 넓은 농장을 경영하여 비교적 부유한 생활을 했다.

숙련된 목수이자 진취적인 농부인 아버지는 여러 자녀들을 노스필드에 있는 칼튼대학에 보냈다. 베블런은 1874년에 입학했는데 칼튼대학은 스칸디나비아 풍습과 종교, 언어에 맞는 루터교 계통의 학교가 아니라 앵글로색슨 계통의 학교였다(노르웨이를 비롯한 북유럽 국가는 거의가 루터교 계통이다). 때문에 영어에 능숙하지 못한 베블런은 강의에 잘 적응하지 못했다. 뿐만 아니라 엄격한 교회규율을 따르는 열렬한 복음주의를 지향하는 칼튼대학의 교과과정에 대해 흥미를 느끼지 못하여 주로 혼자서 많은 책을 읽었다. 하지만 칼튼대학에서 미국 한계효용학파의 거장 클라크 교수로부터 경제학 강의를 수강하며 경제학에 접근하는 계기가 되었다.

졸업 후 베블런은 철학을 배우기 위해 1881년 존스홉킨스대학 대학원에 진학하여 논리학과 경제학을 공부했다. 하지만 보수적인 학풍이 만연하여 학계 주변을 배회하기 시작했으며, 남동부 도시의 유한적인 분위기에 환멸을 느꼈다. 이후 예일대학으로 옮겨갔는데 당시 예일대학은 다윈과 스펜서의 진화론 과학사상을 교과과정에 편입하려는 움직임과 이에 반대하는 기존의 신학적 학풍을 고수하는 세력의 대립으로 혼란을 겪고 있었다. 결국 과학이 승리하여 예일대학의 교과과정이 전면 개편되었다. 베블런은 비록 보수적이긴 하지만 다윈과 스펜서의 진화론을 적극 수용한 윌리엄 섬너의 정신에 매료되었다. 베블런은 칸트와 신칸트학파를 연구하여 「인과응보론의 윤리적 근거」라는 논문으로 박사학위를 받았다. 하지만 당시에는 거의 모든 대학의 철학 교수직이 신학교 출신자들이 독점하고 있어서 종교적 권위를 거부하는 무신론자인 베블런에게 교수직을 허용하지 않았다.

  실의에 빠진 베블런은 낙향하여 7년 동안 많은 책을 읽으며 시간을 보냈다. 고향에 머무는 동안 당시 중서부에는 급진 농민운동이 몰아쳤고, 노동운동이 점점 과격한 양상을 띠고 있었다. 이런 현실을 목도한 베블런은 경제학이 이에 대한 해답을 제시할 것이라고 생각했다. 그 동안 베블런은 막 출간된 에드워드 벨라미의 사회주의 유토피아 소설 『과거를 돌아보다(*Looking Backward*)』(1888)를 읽고 많은 감흥을 받고, 이후 학문 인생의 전환점이 되었다.

1891년 베블런은 경제학 연구를 위해 코넬대학 대학원 경제학과에 등록했고, 거기서 특별연구생으로 자리를 잡았다. 여기서 경제학 첫 논문 「사회주의이론이 간과한 측면들」을 비롯해 여러 편의 논문을 발표했다. 이 논문들의 우수성을 인정받아 베블런은 1892년 35세라는 늦은 나이에 미국 최초의 대규모 트러스트 스탠더드석유회사 창립자 록펠러 재단이 설립한 시카고대학에 자리를 잡게 되었다. 안정된 자리를 잡은 베블런은 철학자 존 듀이, 인류학자 프란츠 보아스, 심리학자 자크 뢰브 등과 교류를 하며 학문적 폭을 넓혀갔다. 14년 동안 시카고대학에 재직하면서 베블런의 대표작 『유한계급론』을 발표했다. 베블런은 혈통적으로도 앵글로색슨계가 아니며, 종교적으로 루터교 출신인데다가 무신론자이며, 학문적으로도 고전파 경제학, 특히 한계효용이론을 거부하는 비정통파임에도 『유한계급론』으로 그는 보수적인 학계에서뿐만 아니라 대중 사이에서도 유명해졌다.

그러나 베블런은 학문적으로도 파격적이었지만 행동에서도 엉뚱한 면을 보였으며, 여성에게 많은 인기가 있어서 그런 건지 많은 여성들이 그를 따랐고, 결국 여성 관련 추문으로 학교를 떠나게 되었다. 1906년에 더 좋은 조건으로 스탠포드대학에서 부교수로 초빙되었으나 결혼 생활 파탄과 혼외자 등 사생활 문제로 부임 후 3년만인 1909년 사임했다. 1911년 미주리대학에 다시 자리를 잡았으나 강의에 열의를 느끼지 못한 탓인지 학생들에게 강의 인기가 없었다. 교단을 떠난 베블런은 1918년 워싱턴 D.C.의 식량국에 관료로 부임했지만 그의 이론과 접근방식은 행정에 도움이 되지 않는다는 이유로 5개월도 채 안 되어 물러났다.

이후 베블런은 뉴욕의 문예·정치 잡지 『다이얼(The Dial)』의 기고가가 되어 '현대적 사고와 새 질서'에 대한 논문을 연재했는데 여기에 실린 글은 이후 『기득권익과 산업기술의 실태(The Vested Interests and the State of the Industrial Arts)』(1919)라는 제목의 책으로 발행되었다. 1924년 베블런은 미국경제학회 회장으로 선출되었으나 거절하고 1926년 강의활동을 그만두고 캘리포니아로 돌아가 의붓딸과 함께 지내면서 여생을 보냈다.

모든 학문이 그렇듯이 베블런의 학문세계도 그 시대의 산물이다. 베블런이 살았던 19세기 후반에서 20세기 초까지 미국은 변혁과 격동의 시기였다. 베블런이 태어나 성장할 즈음인 1850년대부터 미국은 증기기관의 보급으로 일대 산업혁명을 맞이했다. 베블런이 태어나고 4년 후 남북전쟁(1861~1865)이 일어났다. 북군의 승리로 미국 산업은 고도로 발전하는 기틀을 마련했다. 하지만 전쟁의 후유증으로 남부경제가 심하게 침체되면서 큰 혼란이 초래되었다.

1869년에는 1800년대 초부터 추진하던 대륙횡단철도가 완공되면서 본격적인 서부개척 시대를 맞이했다. 이로써 미국 산업은 급격하게 팽창했다. 한편 미국은 건국 초부터 자유방임체제를 고수한 탓에 자본의 경쟁이 격심해졌고, 정부의 무관심하에 심화되어 대규모 자본의 공세에 의해 많은 중소기업이 도산했다. 도산한 중소기업을 흡수 합병하여 거대 자본이 탄생하면서 1870년대부터 독점의 시대에 돌입했다. 이 시기에 J. P. 모건, 카네기, 록펠러 등에 의해 많은 독점 기업들이 설립되어 시장을 독점하고 그 피해는 노동자, 농민에게 돌아갔다.

베블런이 대학이 입학할 즈음인 1873년 극심한 불황으로 공황이 일어나 많은 노동자들이 일자리를 잃었다. 노동자와 농민들의 불만이 고조되고 그 사이로 사회주의사상이 파고들어 노동운동, 농민운동의 바람이 거세게 몰아쳤다. 베블런은 예일대학을 졸업 후 낙향한 7년 동안 이러한 모습을 목도했다. 그동안에 베블런이 직접 현장에 있지 않았지만 1886년 5월 1일 시카고 헤이마켓 광장에서 불만을 품은 노동자들의 폭동이 일어나 많은 사람이 희생되기도 했다.

그럼에도 독점 자본의 약탈적 행위는 그치지 않았다. 결국 베블런이 시카고대학에 자리 잡기 2년 전인 1890년 셔먼 반독점법이 제정되어 스탠다드오일 트러스트가 해체되기도 했지만, 그 여파는 여전했다. 『유한계급론』이 나오기 1년 전 1898년 미국은 쿠바를 침공하여 스페인과 일전을 벌였다. 이미 종이호랑이가 된 스페인은 단기간에 필리핀까지 내주었다. 미국의 호전적 정책뿐 아니라 세계적으로 전쟁과 혼란의 시대였다. 19세기 후반부터 제국주의 열강들의 충돌이 곳곳에서 일어났고, 유럽 각국은 군사적 이해에 따라 이합집산했다. 결국 베블런은 만년에 1차 대전을 멀리서 바라보았다.

베블런은 『유한계급론』 이후에도 많은 저작을 저술했다. 『유한계급론』을 발표한 지 5년 후에 출간한 『기업이론(The Theory of Business Enterprise)』(1904)은 제도학파 경제학의 창시자로서의 면모를 보여준다. 그 후로 『제작본능과 산업기술의 상태(The Instinct of Workmanship and the State of the Industrial Arts)』(1914), 『독일제국과 산업혁명(Imperial Germany and the Industrial Revolution)』(1915), 『기득권익과 산업기술의 상태(The Vested Interests and the State of the Industrial Arts)』(1919), 마지막 저작 『소유권 부재와 근대시대의 기업: 미국의 사례(Absentee Ownership and Business Enterprise in Recent Times: The Case of America)』(1923) 등 많은 저작을 남겼다. 이 저작들은 첫 저작 『유한계급론』의 기세(?)에 눌려 상대적으로 크게 주목받지 못했지만 그의 이론적 지평을 넓히는 데 주요한 역할을 했다. 베블런은 이 외에도 *The American Journal of Sociology*를 비롯한 여러 저널에 다양한 주제로 많은 글을 실었다. 위의 책 제목을 보더라도 베블런의 지적 세계의 지평이 얼마나 넓은지를 알 수 있다.

물론 이들 저작이 모두 현재의 우리 인식세계에 직접 통찰을 가져다주는 것은 아니지만 『유한계급론』이 거듭해서 번역 출간되고 있는 현실을 감안하면 고전사회학자로서 베블런의 위상이 여전히 살아있음을 알 수 있다. 베블런의 지적 범위와 영향에 비해 『유한계급론』 외에 베블런 저작에 대한 번역서는 부재하고, 베블런 사상에 대한 연구는 극히 제한적이며, 일부 경제사상 저서에서 간단하게 소개되어 있을 뿐이다.

이 책에 실린 글들은 베블런이 『유한계급론』을 발표하기 1년 전인 1898년에서 만년인 1921년 사이에 *The American Journal of Sociology* 등 여러 저널에 기고한 것으로 *Thorstein Veblen on Culture and Society*(ed. Stjepan Mestrovic, SAGE Publications)와 *Essays in Our Changing Order*(ed. Leon Ardzrooni, The Viking Press, 1954)에 실린 것을 발췌한 것이다. 베블런이 이 글을 쓸 당시 1898년은 미국이 쿠바를 침공하여 스페인과 전쟁을 벌인 해로, 이 전쟁으로 미국은 쿠바와 필리핀을 식민지화하면서 팍스아메리카나 시대가 열리면서 미국 자본이 급성장하는 시기이다. 1921년은 한편으로는 1차 대전(1914~1918)이 끝나고 평화를 회복하는 한편 러시아혁명(1917)의 성공으로 볼셰비즘이 확산되는 시기이기도 하다.

베블런은 이 격동기를 목도하면서 여러 사회경제정치 현상을 글로 담았다. 제도학파 경제학의 창시자로서 베블런은 하나의 저작 속에서도 경제현상을 여러 정치사회제도와 결부시켜 논의를 전개하고 있다. 각 저널에 실린 글의 주제도 다양하지만 글마다 여러 현상, 여러 제도들이 복합적으로 전개되고 있다. 베블런의 풍부한 지적 세계를 엿볼 수 있는 대목이다. 이러한 풍부하고 다양한 내용을 압축해 놓은 글들을 번역하는 데는 다양한 지적 배경이 갖추어지지 않으면 어려움이 수반될 수밖에 없다. 솔직히 번역자의 지적 한계를 넘어서는 부분도 있음을 고백한다.

또한 베블런이 사용하고 있는 어휘는 일상적으로 잘 사용되지 않을 뿐만 아니라 전문 학술서에서도 보기 드문 것들이 많으며, 사전에서도 중의적인 단어가 많아 우리말로 옮기는 데 많은 애로가 있었다. 또한 문장 구조도 우리말로 자연스럽게 번역되지 않는 경우도 많았다. 아마도 이것이 그동안 베블런 저작이 번역되지 않은 이유일지도 모른다. 이런 이유로 중도에 번역을 그만둘 생각도 했지만 오히려 베블런 저작의 난해함을 알리는 기회가 될 것이라고 생각하고, 또 베블런 연구에 도움이 될 기회라는 생각으로 여러 차례 문장을 검토한 끝에 출간하기로 했다. 읽는 데 다소 어려움이 있더라도 독자들의 깊은 혜량을 바란다.

끝으로 베블런 저작의 난해함에도 불구하고 고전사회학의

대중화를 지향하며 고전사회학 시리즈 출간을 계속 추진해주신 간디서원께 감사드리고, 어려운 문장을 검토해준 편집진 여러분께도 감사의 말을 전한다.

안암골 연구실에서 옮긴이

1부 소유권과 현대 여성

Ⅰ. 여성 의상의 경제이론
Ⅱ. 야만시대 여성의 지위
Ⅲ. 소유권의 기원

I. 여성 의상의 경제학*

인간의 의복(apparel)은 누가 봐도 쉽게 구별할 수 있는 두 개의 요소, 의상(dress) 요소와 복장(clothing) 요소로 구성되어 있다. 얼핏 보면 동일한 재료가 두 가지 기능 — 의상 기능과 복장 기능 — 에 별 영향을 주지 않는 것처럼 보이지만, 자세히 살펴보면 실제로 아주 큰 영향을 주는 것으로 보인다. 그런데 이 두 요소는 오랜 기간에 걸쳐 분화되어 왔다. 그래서 많은 것들이 하나의 목적을 위해 착용하면 더 이상 다른 목적에는 기여하지 않게 되었으며, 앞으로 더욱 그렇게 될 것으로 예상된다. 하지만 아직 그러한 분화가 완전하게 이루어지지는 않았다. 인간은 의복을 착용할 때 대개는 표면적으로는 신

---

* 이 글은 *Popular Science Monthly*, Vol. XLVI(November, 1894)에 수록된 것이다.

체적 안락과 몸단장, 이 두 가지 목적 모두를 고려한다. 그런데 그러한 분화는 이미 매우 상당 정도 진전되었으며 지금도 괄목하게 진전되고 있다.

그러나 이 두 가지 목적이 동일한 물체 속에 아무리 통일되어 있더라도, 요컨대 동일한 재료로 만들어진 상품이 아무리 그 두 가지 목적에 동시에 기여하더라도, 두 가지 목적 즉 신체적 안락을 추구하는 목적과 좋은 평판을 받기 위해 몸단장을 하는 목적을 잘못 이해하여 혼동해서는 안 된다. 복장 요소와 의상 요소는 서로 다를 뿐만 아니라 양립할 수가 없다. 어느 목적이든 종종 오직 하나의 기능만 수행하는 데 적합한 특수한 수단에 의해 충족된다. 다른 경우와 마찬가지로 여기서도 가장 효율적인 도구는 대체로 고도로 전문화된 도구이다.

의복의 두 요소 중에서 의상 요소가 발달 순서상 가장 먼저 나타났고, 오늘날까지도 계속해서 다른 요소에 비해서 우위를 유지하고 있다. 물론 복장 요소 — 신체적 안락을 제공하는 성질 — 도 초기 단계부터 있었으며, 앞으로 어느 정도까지는 상당 정도 계속 존속할 것이다.

장식 원리는 의상의 기원

의상의 기원은 장식 원리(the principle of adornment)에서 찾아볼 수 있다. 장식 원리는 사회진화 과정에서 널리 수용되어 온 주요한 사실이다. 그러나 장식 원리는 의상의 발달을 이끄는 규범을 제공한 것이 아니라 그것의 진화를 위한 출발점을 제공해 주었다. 다른 많은 생활용품들이 그렇듯이 의상의 경우도 그 초기의 목적이 이후의 발달 과정에서 계속 유일한 또는 지배적인 목적으로 존속되지는 않았다. 대체적으로 말하면, 순전히 심미적 측면에서만 보면, 현대 의상에서 장식 요소는 상대적으로 그다지 중요하지 않다.

의복 진화의 초기 단계에서 장식은 사람의 몸에 보완적인 재료를 부착하는 단순한 장식 개념에 머물러 있었다. 그런데 그 이후로 다른 사람들을 즐겁게 해주거나 다른 사람들이 자신을 부러워하는 존재로 만들어주는 장식 개념으로 진전되었고 나아가 외모만 멋있게 꾸미는 것에만 그치지 않고 다른 미덕들도 소유하고 있는 것처럼 보이게 하는 복잡한 장식 개념으로 진보했다. 이러한 후자의 장식 개념으로 발전하는 과정에서 의상도 같이 진화해 갔다.

의상은 미개인이 몸에 윤기가 나는 물질을 발라서 육체를 아름답게 보이게 하는 원초적인 노력에서 출현했으며, 그때부터 이미 의상은 어느 정도 중요한 경제적 요인이 되었다. 일반적으로 몸에 바르는 안료와 신체에 부착하는 장신구는 처음에는 순전히 심미적 성격(장식물)만 가졌는데, 그 장식물이 의복으로 발전하면서 그 심미적 성격에 경제적 성격이 추가되어 그 두 성격이 혼합되었다. 비록 장식의 목적에 봉사하는 장신구가 경제적 요인의 기능을 수행하거나 장식물이 의상에 흡수되더라도 장식 자체는 본래 경제적 범주가 아니다.

의상이 경제적 사실 — 정당하게 경제이론의 범위에 속하는 사실 — 을 구성하게 되는 것은 그것이 착용자(또는 정확히 말하면 소유자)의 부를 나타내는 지표로 기능하기 때문이다. 즉 착용자와 소유자가 반드시 동일 인물인 것은 아니기 때문이다. 요즘에는 '의상' — 특히 이 글의 직접적인 관심사인 '여성용 의상' — 의 착용자와 소유자는 서로 다른 사람인 경우가 많다. 그러나 착용자와 소유자가 반드시 동일 인물로 통일될 필요가 없긴 하지만, 그들은 같은 경제단위의 유기적 구성원이어야 한다. 의상은 착용자가 소속되어 있는 경제단위의 부를 나타내는 지표이다.

사회단위가 (부양가족을 거느린) 남성 중심으로 구성된 가부장제 사회에서는 (여성은 남성의 소유물로 간주되기 때문에) 여성의 의상은 남성의 부를 나타내는 지표 역할을 했다. 사회단위가 가구로 구성된 현대 사회에서 여성의 의상은 그 여성이 속한 가구의 부를 상징한다. 가부장제 관념이 명목적으로 소멸한 오늘날조차도 여성의 의상을 착용한 사람[여성]은 하나의 소유물로 간주되고 있다. 실제로 여성의 의상에 관한 이론은 명백히 여성은 소유물이라는 인상을 주고 있다.

　이러한 점에서 여성의 의상은 남성의 의상과 다르다. 사실 그 점은 그리 중요하지 않지만, 이 점을 제외하면 여성 의상의 근본 원리는 남성 의상의 근본 원리와 별반 다르지 않다. 그러나 이러한 추가된 특성과는 별개로 의상 요소는 여성의 의복으로부터 아무런 방해를 받지 않고 발달한 것으로 보인다. 의상 이론에 관한 논의는 일반적으로 구체적 사실을 그것과 관련된 원리를 최고 수준으로 표현할 때 더욱 간결하고 간명해지며, 가장 선진적인 현대 사회 여성의 의복에서 최고 수준의 원리가 나타난다.

　사회적 지위와 대중의 존경은 사회단위의 성공에 기초하여, 좀 더 정확하게 말하면 사회단위의 능률에 기초하여 평가하는데, 그러한 능률은 그 사회단위의 가시적 성공에 의해 입증된다. 우리 시대의 사회체계에서 두드러지게 나타나듯이, 사회단위의 능률이 소유물, 즉 금전적 위력으로 귀결되는 경우에는 사회단위의 금전적 위력이 사회적 존경을 나타내는 기준이 된다. 금전적 위력을 직접 명백하게 나타내는 지표는 지출 능력, 즉 많은 것들을 비생산적으로 소비하는 능력이다.

여성 사치성의 본질

일찍부터 사람들은 소유자를 편안하게 해주지도 않고 소유자에게 아무런 이득도 가져다주지 않는 값비싼 제품을 과시하여 자신의 소비 능력을 입증해 왔다. 사회는 초기부터 분화되기 시작했는데, 그런 분화가 시작되면서부터 특이하게도 그처럼 값비싼 제품을 비생산적으로 소비하는 것을 과시하여 자신이 속한 사회단위의 금전적 위력을 드러내는 것은 여성의 기능이 되었다.

매우 어울리지 않는 사실이지만 사회적 평판과 해당 사회단위의 금전적 위력이 최종적으로, 특히 장기적으로 일치하게 된다. 여성은 원래 기본적으로 금전적 소유물로 간주되어 자신이 속한 사회집단의 금전적 위력의 대변자가 되었다. 사회 유기체에서 기능의 전문화가 진전될수록 이러한 의무는 점점 더 여성의 몫이 된다. 우리 시대의 가장 고도로 발달한 사회, 즉 가장 선진적인 사회는 사회진화가 최고 수준에 도달했다. 이러한 사회에서 여성은 자신이 속한 경제단위의 지불 능력을 입증하는 것이 그 사회체계에서 여성의 가장 위대하고 특이한 그리고 거의 유일한 (이상적인) 기능이 되었다. 이러한 사회에서도 여성은 (우리 사회체계의 이상적인 양식에 따라) 비생산적인 지출을 과시하는 수단이 되었다.

여성의 사치성을 입증하는 형태와 방법은 상당히 다양함에도 불구하고 실제로는 항상 동일하다. 그것은 매너, 예의, 소양의 형태를 취하는데, 이러한 것들은 상당한 양의 부를 비교적 오랫동안 지속적으로 소유할 수 있는 여유가 없으면 획득하거나 유지할 수가 없다. 또한 그러한 것들은 특이한 생활방식의 동일한 기반 위에서 그리고 대부분 동일한 목적으로 표현된다. 그러나 그것을 입증하는 것은 의상을 통해 이루어지는데, 이 의상은 항상 어디서나 보편적으로 존재하며, 단독으로 이용되기도 하고 다른 방법과 연계되기도 한다. 그러므로 경제학적 관점에서 보면 '의상'은 '낭비적인 지출을 과시하는 것'과 동의어에 거의 가깝다고 할 수 있다.

아프리카 내륙 부족의 귀족 부인들은 신체적 편안함을 느끼는 것 이상으로 많은 양의 버터 또는 여러 종류의 유약을 몸에 바르는데, 이것은 원시적인 몸 장식과 초기시대의 의상 사이의 경계에 있는 낭비적인 소비의 한 형태이다. 또한 같은 부류의 사람들 또는 정도는 덜하지만 남성들은 무게가 무려 30파운드에 달하는 황동 팔찌나 발찌 등을 착용하는데 이것도 그러한 소비 형태라 할 수 있다.

문명국가의 여성들은 높은 가격에도 아랑곳하지 않고 북극 물개 모피로 만든 직물을 선호하는데 이 역시 그러한 소비 형태의 하나이다. 또한 여성용 모자에 부착하는 타조 깃털 장식품과 색색의 신기한 동식물 조각상도 역시 그러한 소비 형태의 하나이다. 그 목록을 들자면 무궁무진하다. 왜냐하면,

문명화된 사회든 그렇지 않은 사회든 남성과 여성의 의류 품목 중에서 이러한 요소가 포함되지 않는 것은 거의 없기 때문이다. 경제학 원리의 관점에서 보면, 오히려 그 밖의 다른 요소로 구성된 것은 그리 많지 않다고 할 수 있다.

여성이 모피를 좋아하는 이유

이러한 낭비성 제품들을 착용한 사람이나 그것을 구매한 사람들은 실제로 낭비하고 싶어 하는 것이 아니라 자신의 지불 능력을 드러내고 싶어 한다. 그들이 추구하는 것은 사실 낭비 자체가 아니라 낭비하는 모습을 겉으로 드러내는 것이다. 그리하여 이러한 낭비성 제품의 소비자는 가능한 한 높은 가격으로 그러한 제품을 획득하기 위해 끊임없이 노력한다. 반면에 그런 낭비성 제품의 생산자는 그 제품의 생산비를 낮추어서 제품의 가격을 낮추려고 끊임없이 노력한다. 그러나 어떤 제품을 소비하는 것이 더 이상 상당한 지불 능력을 명확하게 보여주지 못할 정도로 가격이 떨어지면 소비자는 더 이상 그 제품에 특별한 관심을 기울이지 않고, 낭비적인 소비 능력을 적절하게 보여줄 수 있는 다른 제품으로 소비 대상을 변경한다.

이처럼 추구하는 목표가 낭비 자체가 아니라 낭비의 과시가 되면 낭비 과정이 의사(疑似) 경제 원리로 발달하게 된다. 그리하여 의복은 단순히 과도한 지출을 보여주는 것에 그쳐서는 안 된다는 것이 바람직한 규준으로 받아들여진다. 착용자(소유자)는 자신이 선택한 용품을 사용할 때 가능한 최대로 그것을 과시할 수 있는 능력을 입증할 수 있어야 한다. 그렇게 하지 않으면 그 소유자는 무능한 것으로 간주되고, 그것을 과시하려는 기본 목적은 무산된다. 그러나 보다 중요한 점은, 단순히 그런 식으로 노골적으로 낭비를 과시하는 것은 과시 수단을 가장 효과적으로 사용하는 방법을 터득하지 못한 상태에서 제품을 획득했다는 것을 보여준다.

과시 수단을 가장 효과적으로 사용하기 위해서는 오랜 시간에 걸쳐 과시적인 낭비 습관에 익숙해져 있어야 한다. 한편 우리는 단순히 많은 과시 수단을 소유하는 것보다 과시하는 수단을 오랫동안 지속적으로 소유하는 것이 더 바람직한 것으로 보이게 하려고 여전히 혈통과 귀족 출신의 전통을 강조하고 있다. 소유한 제품의 탁월성은 과시 수단의 양에 의해 나타난다. 어떤 물건을 얼마나 오래 소유하고 있느냐[즉 소유 기간]은 과시하는 방법을 철저하게 터득했음을 보여줌으로써 입증된다.

의상도 (매너와 마찬가지로) 좋은 지식과 습관을 가졌을 때 높은 평가를 받는데, 이는 그러한 성과를 달성하는 데 많은 시간을 소비했다는 것을 입증하기 때문이다. 그렇게 하여 달성한 성과는 비록 직접적인 경제적 가치를 가지지는 않지만, 시간과 노력을 낭비할 수 있을 만큼의 금전적 능력을 가지고 있다는 것을 보여준다. 그러므로 높은 수준의 소비로 달성한 성과는 그간 낭비적인 생활을 해왔다는 증거가 된다. 사람들은 체면을 유지하기 위해 엄청난 양의 상품을 계속해서 비생산적인 소비를 한다. 의상과 관련한 취향이 조잡하고 과시가 저속하여 불쾌감을 유발하는 경우가 있는데 이는 체면을 유지할 만큼 시간과 노력을 낭비하는 능력이 부족하기 때문이다.

사람들은 휴대하고 있는 수단을 효과적으로 사용하는 것이 자신의 능력을 과시하는 방법이라고 생각한다. 능력을 과시하는 것이 사교를 하는 데 매우 바람직하게 되려면 휴대하고 있는 수단이 명백하게 금전적 이득을 가져다주지 않거나 신체적 편안함을 증대시켜 주지 않아야 된다. 어떤 용품을 사용할 때 적용되는 의사 경제 원리가 의상 이론에서는 얼핏 보면 협소하고 한정된 위치를 차지하고 있는 것처럼 보이지만 실제로는 매우 안정된 위치를 차지하고 있다. 의사 경제 원리는 의상의 다른 특정 요건들과 함께 몇 가지 진기한 결과를 낳는다. 이 점에 대해서는 차후에 논의할 것이다.

그러므로 사치품을 과시하는 것이 의상의 첫 번째 원리이다. 이 원리에 부수적이지만 엄청난 범위와 결과를 가진 두 번째 근본 원리는 하나의 사치스러운 의복과 장신구를 지속적으로 새로운 것으로 대체할 수 있을 정도로 지출 능력이 있다는 것을 보여주는 것이다. 이 원리는 유행에 뒤떨어진 것은 입지 않는 것이 바람직하다고 지적한다. 이 원리는 겉옷은 한 번 이상 입어서는 안 된다는 격언에서 표현되는데 주로 우리 시대의 가장 선진적인 사회 그리고 의상이 최고 수준으로 표출되는 상황 — 예컨대 외부 조건에 의해 복장 법규가 전혀 제약을 받는 무도회나 그와 유사한 의례 행사 — 에 적용된다. 이처럼 항상 새로운 것을 입는 요건은 패션 영역의 기본 원리이다.

이 원리는 이해하기 어려운 면이 있긴 하지만 많은 점에서 흥미를 유발한다. 패션은 단지 복장을 입은 모습이 우스꽝스러워서 [의상의] 지속적인 변화를 요구하는 것이 아니다. 모든 의상의 중심 원리 — 과시적 낭비 — 는 변화와 새로움을 요구한다.

과시적 낭비는 모든 의상의 원리

새로움 원리는 앞서 말한 의사 경제의 동기와 어우러져 작동하는데 이 원리는 가공(架空)의 모조 체계와 관련이 있지만 그 본 모습은 기존의 승인된 복장 규범에서 공개적으로 드러난다. 절약의 동기 또는 용품의 효율적 사용이 새로움 요건의 출발점을 제공하는데, 이러한 조건이 주어지면 새로움 요건은 복잡하고 방대한 겉치장 양식으로 발달하게 된다. 겉치장 양식은 세부적으로는 끊임없이 변화하고 일시적이지만 지정된 시간 동안에는 반드시 지켜야 하는 의무이다. 복장 기법에 능숙한 사람이라면 누구나 하는 옷깃 장식, 소매 장식, 그 밖의 많은 현란한 장식물이 그러한 겉치장 양식에 속한다.

이 가식적인 겉치장은 종종 우스꽝스럽기도 하고 때로는 유치한 겉치장으로 발전하기도 한다. 그런 겉치장이 모사하고 있는 실제 모습, 정확히 말해 그것이 상징하는 실제 모습은 너그럽게 봐줄 수가 없다. 그것들은 어떤 경우에는 아주 값비싼 것이지만 싸구려인 경우도 더러 있으며, 가시적인 비용보다는 주로 개인적인 편안함을 증진하는 데 이용된다. 어떤 경우이든 그것들은 좋은 형태의 규준으로 보기는 어렵다.

그러나 과도한 낭비적 지출을 통해 금전적 위력을 과시하는 것과는 달리 유용한 경제활동을 통해 절제된 생활을 과시함으로써 동일한 목적을 달성하는 경우도 있다. 사회적 기능이 전문화된 덕택에 여성은 경제단위의 금전적 위력의 대변자가 되었고, 그 결과 사회단위가 금전적 손해를 수동적으로 견뎌낼 수 있다는 능력을 보여주는 것은 여성의 몫이 된다. 여성은 스스로가 낭비적인 생활을 하고 있다는 사실(종종 허구)을 증명함으로써 그렇게 할 수 있다. 여성의 의상이 그렇게 할 수 있다는 것을 증명하는 주요한 수단이다. 이처럼 의상의 이상(理想)은 그 의상의 착용자가 그 이외의 다른 용도로는 그 의상을 사용할 수 없다는 것을 모든 관객에게 보여주는 것이다. 현대 문명국가 여성의 의상은 여성은 평소에 한가하다는 것을 보여주는 데 어느 정도 성공했다.

바로 여기에 여성들이 현대 의상 중에서 치마 또는 주름이 많은 의류를 지속적으로 착용하고 있는 비밀이 있다. 치마를 지속적으로 착용하고 있으면, 활동하는 데 방해가 되기 때문이다. 치마는 착용자의 활동을 방해하고, 그리하여 여성을 어떤 직업에도 무능한 존재로 만든다. 그래서 착용자가 한가하게 생활하고 또 작업의 능률을 저하하는 수단을 대표하며, 이를 널리 광고하는 역할을 하는 데는 치마가 적격이다. 하이힐도 마찬가지 역할을 한다. 또한 그보다 정도는 덜하지만 그 밖의 몇몇 현대 의상의 경우도 그와 동일한 역할을 한다.

또한 중국인 여성들의 전족 관행과 문명화된 서양 여성들의 [수족 또는 신체] 절단 — 허리 조이기 — 관행이(비록 그 기원은 알 수 없지만) 지속되고 있는 근거를 찾을 수 있다. 현대 여성이 [수족 또는 신체를] 절단하는 행위는 엄격한 의미에서는 의상의 범주로 분류되지 않지만 이론적으로는 그것을 의상의 범주에서 배제하여 의상과 구별하여 경계선을 그을 수는 없다. 그렇지만 그것은 원리 면에서는 의상의 범주와 거의 일치하기 때문에 그것을 고려하지 않고서 [의상] 이론을 개관하면 그 이론은 불완전하게 된다.

이러한 일반 원리로부터 몇 가지 중요한 결과가 도출된다. 스스로 신체적 무능함을 보여줌으로써 부를 소유하고 있다는 것을 입증하고자 하는 사실을 감안하면 여성의 의상을 편리하게 하거나 편안함과 건강을 증진하는 방향으로 개선하려는 어떤 시도도 무익하다고 볼 수 있다. 의상의 본질은 그것을 착용한 사람의 활동을 방해하고, 불편하게 하는 데 있다. 왜냐하면 그렇게 함으로써 그런 의상을 착용한 사람은 항상 여유롭고 한가하게 생활할 수 있는 금전적 능력을 보여주기 때문이다.

그런데 여기서 명심해야 할 점은 이러한 요건, 즉 여성은 존경을 받으려면 한가한 모습을 보여주어야 한다는 요건은 가족을 부양하는 의무가 있는 여성에게는 불행한 일이라는 사실이다. 그들은 생계수단을 제공하는 가사활동뿐만 아니라 아무런 직업활동을 하지 않고도 여유있게 생활한다는 모습을 보여주어야 한다. 또한 여성들은 자신들의 활동을 방해하고 산업 능률을 떨어뜨리도록 특수하게 설계된 복장으로 둘러싸인 채로 이 모든 것을 해야 한다.

여성 의상의 세 가지 주요 원리

여성 의상의 이론에는 세 가지 주요 원리가 있다.

A 비싼 것(expensiveness): 의복은 복장으로서의 효과가 비경제적이어야 한다. 그 의복을 착용한 사람이 속한 경제 집단은 어느 누구에게도 아무런 쓸모없는 물건에 지불할 수 있는 능력, 즉 편안하지도 않고 소득도 가져다주지 않는 물건에 지불할 수 있는 능력을 가지고 있다는 것을 입증해야 한다. 이 원리에는 어떤 예외도 없다.

B 새로운 것(novelty): 여성 의류는 다른 많은 품목에 비해 비교적 잠시만 착용해도 금세 유행에 뒤진다는 것을 입증해야 한다. 즉 같은 의상을 오랫동안 착용하지 않는다는 것을 보여주어야 한다. 다만 가보와 같이 영속적으로 간직할 만한 가치가 있는 물건이나 (금전적 이유로) 상위 계층만 소유할 수 있는 고가의 물건은 이러한 규칙에서 예외이다. 가보의 소유를 추천하는 이유는 그것은 여러 세대에 걸쳐 낭비할 수 있는 능력을 증명하기 때문이다.

C 어울리지 않을 것(ineptitude): 착용자의 어떤 직업에도 어울리지 않는 의상임을 분명하게 보여주어야 한다. 또한 의상의 구속에서 벗어나더라도, 여성은 그 어떤 경제활동을 단 한 번도 한 적이 없음을 명백하게 보여주어야 한다. 이 원리에는 어떤 예외도 없다.

이 세 가지 원리 외에 장식 원리도 심미적으로 의상에 일정한 역할을 한다. 장식 원리는 일정 정도 경제적 중요성을 가지고 있으며, 일반 원리에도 상당 정도 적용된다. 그러나 이 원리는 절대적으로 필요한 것은 아니다. 그 원리를 적용할 때는 앞서 말한 세 원리에 긴밀하게 제약을 받는다. 사실 의상에서 장식 원리는 독립적인 요인 또는 다른 원리와 동등한 요인으로 역할을 하는 것이 아니라 새로움의 원리를 보조하는 역할을 한다. 그 외에 사소한 원리들이 존재하는데, 그중 일부는 과시적 낭비라는 중요한 요건에서 파생된 것들이다. 또 일부는 기원은 서로 다르지만, 그럼에도 모두 위에서 제시한 세 가지 주요 원리에 제약을 받는다.

이 세 가지 원리는 의상에 필수적이며, 여성 의상에서 실질적인 규범으로 작용한다. 재화 획득을 둘러싸고 사람들 간의 경쟁이 존속하는 한, 이 세 원리는 영구적으로 배제할 수가 없다. 사람들 사이에 부의 차이가 존속하는 한 이러한 의상 규범의 지배에서 벗어날 수가 없다. 사람들의 감각이나 감정이 조금만 변하든가 아니면 그 밖의 다른 여러 가지 이유로 여성의 의복은 순간적으로 그리고 지방마다 또 수시로 바뀐다. 그러나 '과시적 낭비'(conspicuous waste)라는 중대한 규범은 그 경제적 기반이 존속하는 한 폐기하거나 크게 제한할 수가 없다.

착용자의 신체적 안락 요소는 일반 사람들 정서의 일정한 흐름의 일시적인 효과를 보여주는 좋은 의상의 통상적인 요건의 하나인데 이 요소는 지난 몇 년 사이에 다시 나타났다가 얼마 안 가서 사라졌다. 물론 이 명제의 의미는 표면에 나타난 것과는 다르다. 그런 현상은 의상과 관련해서는 거의 발생하지 않는다. 최근에는 무엇보다도 신체적 편안함을 과시하는 것이 매우 중요해졌다. 그러한 과시는 종종 신체 일부의 희생을 통해서만 달성할 수 있다. 그런데 이러한 발달은 (육체를 숭배하는) 감정적인 스포츠 열기가 최근에 널리 확산된 결과라 할 수 있다. 이제 이러한 감상의 물결 전성기는 지나갔고, 이 외적 동기는 의상에서 자취를 감추었다.

현대 여성의 의상은 이미 확정된 이론만 적용해야 한다는 주장이 제기되고 있다. 만약 도출된 원리들을 모든 결정적인 기준으로 적용해야 한다면, '여성의 의상'에는 분명 조야한 생물학적 의미에서 남성의 의복도 대부분 포함되어야 한다. 그렇지만 이러한 특성이 [여성 의상의] 이론을 무효화하지는 않는다. 경제학 이론의 목적을 위해 분류를 할 때는 오로지 경제적 근거에만 기초해야 하며, 그러한 분류를 할 때 그 타당성이 협소한 자연과학의 영역 너머로 확장하지 못하게 하는 고려사항들을 허용해서는 안 된다.

또한 비록 여성의 의상에 비해 정도는 덜하지만 거의 여성 의상의 규준을 따르는 또 하나의 부류가 있는데, 이들은 문명사회의 어린이다. 어린이는 물론 약간의 단서가 필요하지만, 이론의 목적상 상품의 과시적 소비자로서 문명화된 여성의 중요한 기능을 완성하는 데 보조적인 역할을 하는 것으로 보아야 한다. 노동자의 손안에 있는 연장이 생산의 효율성을 위한 부속물이듯이 문명화된 여성의 손안에 있는 어린이는 과시적 소비를 위한 부속물이다.

II. 야만시대 여성의 지위

　인간이 처음으로 도구를 체계적으로 사용하면서 온전하게 인간 생활을 영위하기 시작한 원시 집단에서는 아주 미약하긴 하지만 일종의 지위체계가 형성되었다. 그렇지만 그때까지는 계급이 뚜렷하게 구분되지 않았고 따라서 직업도 뚜렷하게 분화되지 않았다. 이전에 이 학술지에 게재한 논문에서는 초기시대의 계급 사이의 분업은 도구를 점점 효과적으로 사용함에 따라 노동의 효율성이 증대한 결과라고 주장한 바 있다.
　문화 발달 초기단계에 있는 원시사회에서는 도구를 사용하는 능력과 기술에 두 개의 직업군으로 구분되어 분화되었

---

*　이 글은 *The American Journal of Sociology,* Vol. IV(January, 1899)에 수록되어 있다.

다. 하나는 존경 받는 직업이고 다른 하나는 천시받는 직업이다. 전자의 직업은 탁월한 능력이 풍부하고, 후자의 직업은 근면한 노력이 부족하고 건전한 미덕을 결여하였다. 이러한 직업 분화가 이루어지려면 도구의 사용이 상당한 수준으로 발달되어 있어야 한다. 그 이유는 다음과 같다.

(1) 도구(무기 포함)의 성능이 약하면 사람들은 사나운 짐승과 마주쳤을 때 강력한 힘을 충분히 발휘할 수가 없으며, 따라서 사나운 동물의 사냥에 전념하는 직업이 형성되어 하나의 독특한 계급 고유의 생활방식을 발전시킬 수가 없다.

(2) 도구의 성능이 일정 정도 수준으로 발달하지 않으면, 산업은 밀집된 인구를 충분히 부양할 만큼 생산을 하지 못하여 집단이 아무리 밀집되더라도 호전적인 생활이 습관화될 만큼 서로 적대적인 접촉을 할 수가 없다.

(3) 일부 사람들은 산업 방법과 지식이 어느 정도 발달할 때까지는 생계수단을 충분히 확보할 수가 없어서 저속한 노동으로부터 일관되게 벗어날 수가 없다.

(4) 원시적 산업은 비능률적이어서 전투를 할 때나 침입자를 방어할 때 필요한 잉여 재화를 축적해둘 만큼 생산하지 못하므로 전쟁을 할 때 충분한 역량을 발휘하지 못한다.

산업이 발달하면서 점차 약탈적 생활양식이 나타나게 된다. 야만인 집단들은 생존 투쟁에서 자주 서로 적대적인 도발을 하게 되고 그에 따라 약탈적인 생활 습관이 나타나게 된다. 그리하여 약탈적 문화가 발달하게 되는데, 현재의 논의에 비추어 볼 때 이것이 야만문화의 기원이라고 볼 수 있다. 이러한 약탈문화는 그에 상응하는 각종 제도가 발달함에 따라 관습으로 정착하게 된다. 그 결과 야만인 집단은 전투하는 계급과 평화를 유지하는 계급으로 분할되고 그에 상응하는 분업이 이루어진다. 전쟁을 하는 직업은 착취를 수반하는 다른 직업과 함께 힘센 남성의 직업이 된다. 일상적인 평범한 일은 여성과 약자의 몫이 된다.

여성 금기는 약탈문화에서 기원

그 같은 사회에서는 공로와 예의범절을 기준으로 하여 싸움을 잘하는 사람과 그렇지 않은 사람을 구별한다. 그리하여 허약한 사람이나 착취 능력이 부족한 사람은 경시한다. 이처럼 초기시대에는 허약한 사람을 경시하여 여성과 여성이 하는 일을 하나의 금기로 여겼다. 아주 옛날에 정령 신앙을 믿는 야만인들은 그러한 유약한 성질은 전염이 된다고 생각했다. 동정에 의해서든 침투에 의해서든 그러한 성질에 일단 감염이 되면 유해한 영향을 미친다고 생각했다. 그래서 힘이 센 유능한 남자는 연약한 여성과는 가급적 과도한 접촉과 대화를 피하고 또 연약한 여성 고유의 직업에 종사하지 않는 것이 좋다.

심지어 여성들이 평소에 즐겨 먹는 음식도 남성들은 정력을 약화시킬 우려가 있어서 먹어서는 안 된다고 생각했다. 대규모 사냥을 하거나 다른 부족을 기습 공격을 할 때나 남성 전유의 고위 관직, 사교계, 성찬식 등 남성적인 착취 의례를 준비하는 기간 동안에는, 여성이 주로 하는 일을 하거나 여성이 즐겨 먹는 음식을 먹고 여성과 교제하는 것은 엄격하게 금지했다.

한때 호전적인 또는 야만적인 문화를 가졌던 모든 민족들의 초기 역사에는 이러한 금기를 보여주는 실례들이 풍부하게 있다. 신성한 의례를 거행할 때는 여성, 여성의 직업, 여성의 음식과 의복, 여성이 사는 집 또는 마을 안에 여성들이 평소에 거주하는 장소, 심지어 극단적인 경우에는 여성이 하는 말까지도 불결한 것으로 간주되었다. 여성은 연약하다는 이유로 의례를 거행할 때 불결하다고 여기는 전통이 후기의 문화 단계에 와서도 지속되어 여성은 아무런 가치가 없는 존재로 간주되거나 레위기 율법[2]에 의거하여 부적절한 존재로 간주되고 있다.

그리하여 지금도 여성은 (남성과 대등한 지위를 갖거나 위엄과

---

[2] 레위기 율법: 성경에서는 속죄를 위한 정화 의례에서 불결한 것을 멀리하고 청결함을 강조하는데, 특히 레위기에 잘 나타나 있다-옮긴이.

능력이 요구되는) 사제직이나 외교관 또는 심지어 주요한 공직을 맡는 것은 적절하지 않다고 생각한다. 또한 이와 비슷한 이유로 하녀와 몸종 등의 직업은 당연히 여성의 몫이라고 생각한다.

어떤 집단의 생활습관이 평화로운 생활습관에서 약탈적인 생활습관으로 바뀜에 따라 일상생활에서 변화가 일어나면 지배적인 사유습관도 영향을 받아 그에 맞게 변화한다. 우선 집단들 사이에 적대적인 접촉이 더욱 빈발해지고 일상화됨에 따라 구성원들 사이에서 약탈적인 행동과 호전적인 정신이 일상화된다. 또한 일상생활에서는 전투하는 활동이 점점 더 많은 부분을 차지하게 되고, 그 결과 다른 활동들은 부수적인 활동으로 밀려나 전투하는 활동을 보조하는 역할을 하게 된다.

일반 대중은 전투 활동을 하는 남성의 육체가 공동체 생활의 실질적인 핵심이라고 생각한다. 그리하여 집단의 전투 능력을 가장 중시하고, 사람들의 인격과 행동도 싸우는 능력을 기준으로 평가한다. 그러한 집단의 생활양식은 사실상 착취양식이다. 이러한 견해는 현대인들의 상식적인 견해에서도 상당 부분 발견된다. 호전적인 관심이 대중의 생각 속에 상당 부분을 차지하게 되면 그 사회에서는 싸우는 능력이 뛰어난 사람들을 우대하는 경향이 뚜렷하게 나타난다.

야만집단의 약탈적 활동은 이러한 용맹성의 지배하에서 점차 전문화되고 분화된다. 그 결과 전투를 하지 않는 사람이 전투하는 사람의 종속적인 위치에 있는 지위체계가 형성된다. 승인된 생활양식 또는 합의된 의견은 그 같은 약탈적 집단 속의 사람들의 행동을 안내하고 어떤 일을 해야 하는지를 결정하는데, 그 속에는 매우 다양한 세부적인 사항까지도 포함되어 있다. 그러나 그런 야만인 집단은 단일 양식 — 어느 정도 유기적인 통일체 — 으로 형성되어 있어서 그 단일 양식의 지도하에서 수행되는 삶은 다소 일관된 문화체계를 구성하게 된다. 요컨대 합의된 의견을 유지하고 있는 개인들은 개인이라는 단순한 사실 때문에 필연적으로 그렇게 될 수밖에 없다.

주제가 어떠하든 또 각자 생각의 방향이 어떠하든 각 개인의 생각은 동일하다. 개인이 직접 생각하는 요점이나 대상이 어떠하든 주어진 행동에 대해 판단할 때 개인의 목표와 추론 방식을 지배하는 사고 틀은 대개 경험과 전통이 평소에 그 개인에게 강요한 사고 틀이다. 어떤 것이 옳고 좋은지에 대한 개인의 생각이 일반적으로 승인된 견해에서 크게 벗어나면 그 개인은 억압을 받게 되고, 그 견해 차이가 심할 경우에는 추방되어 사실상 집단생활에서 완전히 배제된다. 전투하는 계급이 지배적인 위치를 차지하고 또 관례적인 합법적 지위를 차지한 경우에는, 행동 규준은 주로 전투하는 사람들의 상식에 의해 형성된다.

어떤 행위나 예의 규범이라도 그러한 상식을 입증하는 것이라면 옳고 좋은 것으로 간주되며, 이러한 상식의 기준은 결국 유능한 사람들의 생활습관에 의해 형성된다. 평소에 작은 갈등이 자주 일어나면 선택과 습관화에 의해 그 집단의 남성 구성원들은 어떠한 피해와 고통의 괴로움도 견딜 수 있게 된다. 늘 고통을 당하거나 목격하고 또 늘 싸움과 말다툼을 하는 습관에 익숙해지면 비참한 광경을 유쾌한 오락처럼 여기게 된다. 그 결과 전투를 하는 집단에서는 어김없이 다소 일관성 있게 약탈적인 또는 강압적인 태도가 나타나 그 정신이 공동체의 생활양식에 투영된다.

약탈적인 생활 규율은 유능한 남성들로 하여금 집단 내의 유약한 구성원들 ― 특히 여성들 ― 과의 모든 관계에서 지배적인 태도를 가지게 한다. 약탈적인 생활방식 및 사고방식으로 훈련을 받은 남성들은 평소에 이러한 관계를 좋고 아름다운 것으로 인식하게 된다.

전리품인 포로 여성의 지위

집단 내의 모든 여성은 여성계급에게 공통적으로 부과되는 억압과 멸시를 같이 받지만, 적대적 집단에서 잡혀온 여성의 지위에는 또 하나의 특징이 추가된다. 그 같은 여성은 종속적인 지위 또는 하층 계급에 속할 뿐만 아니라 그녀를 잡아온 남성과 특수한 관계에 있게 된다. 그러한 여성은 침략의 전리품으로서 착취의 증거로 간주된다. 이 때문에 그녀를 잡아온 남성의 관심은 명백히 그 여성에 대해 지배적인 관계를 유지하는 데 있다. 초기 문화 단계에서는 잡혀온 여성과 그녀를 잡아온 포획자 사이의 이러한 특수한 관계가 집단생활에 방해가 되지 않기 때문에, 집단 내의 다른 구성원들은 그러한 관계에 대해 반대하지 않는다.

여성을 잡아온 남성은 그 여성에 대해 강압적 관계를 취하는 것은 그 여성이 자신의 착취 행동의 전리품이라는 것을 보여주는 역할을 한다. 따라서 다른 사람들이 그 여성에게 다소 관대한 태도를 취하거나 그녀에 대한 강압적 관계를 자랑하고 다니면 그는 분개한다. 이는 어떤 전사가 적을 물리쳐서 취득한 두피나 두개골이 훼손되거나 강탈당했을 때 또는 자신의 용맹성을 상징하는 월계수를 빼앗겼을 때 분개하는 것과 같다.

포획한 여성을 전유하는 습관이 하나의 관습으로 굳어짐에 따라 한편에서는 강압에 의한 혼인 형태가 출현하고 다른 한편에서는 소유권 개념이 출현하여 새로 출범한 제도에서 이차적 특징이 발달하게 된다. 이러한 강압적 소유권-결혼은 시간이 지남에 따라 일반 대중에게 보급되어 도덕적 승인을 받게 된다. 강압적 결혼은 남성의 사유습관 속에 올바른 혼인 형태로 자리 잡게 되고, 아울러 남성의 미적 감각과 명예심을 충족시켜 준다.

　강압 및 소유권에 기초한 결혼이 도덕적, 심미적으로 승인됨에 따라 지배와 강압을 남성적인 특성으로 간주하는 경향이 커져 남성의 취향에 직접 강한 영향을 미치게 된다. 그런데 남성은 현재의 사회 여론을 결정하는 상층계급에 속해 있어서 그 문제에 대해서는 남성의 상식이 현재의 취향의 표준으로 자리 잡게 된다. 결국에는 여성의 취향도 도덕성과 타당성 면에서 동일하게 직접 영향을 받게 된다. 소유권-결혼제도는 한편으로는 이를 널리 보급하는 사람들의 교훈과 모범을 통해서, 다른 한편으로는 이를 수용하지 않는 사람들에게는 선택적 억압을 통해서 유일하게 아름답고 고결한 형태로 확고하게 수용된다.

　시간이 지남에 따라 그 제도의 정당성에 대한 확신은 더욱 견고해지고 그에 따라 여성에 대한 남성의 강압적인 태도는 선하고 아름다운 태도로서 하나의 상식으로 굳어져 무분별하게 승인된다. "용감한 사람만이 미인을 차지한다."

용감한 사람만이 미인을 차지한다

　약탈적 생활습관이 더욱 완전하게 자리 잡게 됨에 따라 그 밖의 다른 형태의 혼인관계는 은근히 비난을 받게 된다. 그리하여 가장이 없는 미혼 여성은 사회적 지위를 상실한다. 모든 남성은 동료들의 눈에 잘 보이게 싶어 하려면 여성(또는 여성들)을 명예로운 억압의 굴레를 씌워 자기 옆에 붙어있게 할 필요가 있다. 남성이 사회에서 버젓한 지위를 가지려면 이러한 고결하고 명예로운 소유권-혼인관계를 가져야 한다. 따라서 유능한 남자는 공개적으로 포획의 승인을 받지 않고 혼인관계를 맺으면 명예롭지 못한 것으로 간주된다.

그러나 집단의 규모가 커짐에 따라 여성을 포획하여 결혼하는 것이 어렵게 되자 남자로서 품위를 잃지 않고서 집단 내 여성과 결혼하는 것을 허용하는 방안을 찾게 되었다. 이 때문에 집단 내에서 포획을 모방하거나 포획 의례를 통해서 결혼한 여성의 지위를 수정하는 방법을 모색하게 된다. 포획 의례는 자유로운 여성을 강압의 굴레를 씌워 주인에게 속박시켜서 잘 순응하는 여성으로 동화하는 효과를 가진다. 그리하여 포획 의례를 통해 이루어진 결혼 관계에 정당성과 품위를 부여한다.

이런 방식을 통해 자유로운 여성을 명예롭게 속박된 여성의 부류로 편입시키려는 동기는 여성들의 지위나 재산을 향상시키려는 의도에서 비롯된 것이 아니라 포획할 여성이 부족한 상태에서 집단 내 여성과 결혼한 남성들의 체면을 살려주려는 데서 비롯되었다. 주로 결혼 적령기의 딸을 가진 높은 직책의 남성들에게서 이와 같은 경향이 나타나고 있다. 하지만 외부에서 들여온 사람을 아이를 많이 낳은 [집단 내] 여성보다 우대하는 것은 옳지 않은 일이다.

이러한 견해에 따르면, 부족 내에서 포획을 위장하여 이루어진 결혼은 모방(mimicry) 사례의 하나로 볼 수 있다. 이를 두고 자연주의자들은 '보호 모방'(protective mimicry)이라 일컫는다. 이는 사실 양자를 입양하는 경우와 같다. 양자 입양을 통해서 이루어진 모든 인간관계가 그렇듯이 어떤 대체물을 원래의 사실과 최대한 가깝게 모방함으로써 자유로운 여성을 부자유 계급으로 편입한다.

일반적인 입양의 경우처럼, 야만인은 의례 관행을 아무런 실체가 없는 가공물로 간주하지 않는다. 야만인은 모방이나 의례 관행도 분명 자신들이 바라는 목표를 달성하는 수단으로서 효험을 발휘한다고 믿는다. 모든 마법 의례와 종교 의례가 그런 효험을 증명한다. 야만인은 순진하게도 외부의 물체를 유기적이고 개별적인 사물로 바라보며 또 어떤 목표를 향해 작동하는 성향을 가진 것으로 간주한다.

원시 야만인의 소박한 상식에서는 어떤 결과와 사건을 정신력이나 성향을 가지고 이해한다. 이처럼 물활론적 관점에서 보면, 모든 과정은 사실상 목적론적이 되고, 따라서 그 과정을 표현하는 사건의 경로는 일단 구체화되거나 진행된 후에는 그 과정에 부여된 정당한 목표는 아무런 방해를 받지 않게 된다. 일단 바라는 목표를 달성하기 위한 방향으로 나아가는 움직임이 공인된 형태와 결과로 반복되면 논리적으로는 당연히 모방 과정에 의해 산출된 결과와 사실상 동일한 결과가 나오게 된다.

이러한 근거로 어떤 문화 수준에서든 의례를 준수하면 어떤 형태든 효험을 발휘한다고 생각하게 된다. 그것은 특히 공식적인 입양 및 입문 의례의 주요한 요소이다. 그리하여 모의(模擬) 억압 또는 모의 포획을 실행하고 또는 남성이 가장인 가정에서 결혼식을 올릴 때 여성은 충성과 복종을 공식적으로 선언한다. 이러한 형태의 가정에는 거의 항상 부인을 포획했을 때의 유물 또는 회고록이 남아 있다.

결혼은 예속 상태로 편입되는 입문 의례

이때 결혼은 어원상 예속 상태로 편입되는 입문 의례의 일종이다. 공식적인 단어로 말하면, 요즘은 지위 의식이 약화되고 현저하게 완화되었음에도 불구하고 [주인 또는 남편을] 사랑하고 존중하고 순종하는 것은 여전히 여성의 책임이다.

이 견해에 따르면, 가부장제 가정, 달리 말하면, 남성이 가장인 가정은 호전적인 사회의 구성원들 간 경쟁의 부산물이다. 그것은 약탈적인 제도에서 파생된 것이다. 여성을 소유하고 통제하는 것은 용맹성과 높은 지위를 입증하는 증거이다.

그러므로 논리적으로는 소유한 여성의 수가 많을수록 그 주인은 다른 사람과 크게 구별된다. 그리하여 남성이 가장인 가정이 지배적인 민족에서는 일부다처제가 널리 보급되어 보편적인 제도로 자리 잡게 되었다.

일부다처제가 보편적인 제도로 자리 잡게 된 데는 여러 가지 다른 이유가 있다. 하지만 강력한 가부장제 독재자들이나 족장들의 후궁들이 있는 곳에서 일부다처제가 이상적인 제도로 발달하게 된 것은 다른 근거를 가지고 설명할 수가 없다. 그러나 그러한 근거가 일부다처제 형성에 어떤 작용을 했든 남성 중심의 가정은 여성이 부자유한 피지배계급 위치에 있는 지위체계의 세부적인 한 부분이다. 이러한 사회들의 제도적 구조의 지배적인 특징은 지위체계이며, 이러한 사회의 경제생활 근간은 엄격한 소유권 제도이다.

그러한 소유권 제도는 지위체계와 소유권이 거의 순수한 형태로 널리 보급된 사회에서 최고로 가장 효과적으로 발달했다. 지위 의식이 약화되고 아울러 (과거 한동안 서구 문화의 사회에서 나타난 것처럼) 소유권에 대한 극단적인 주장이 약화됨에 따라 가부장제 가정도 어느 정도 해체 상태에 직면하게 되었다. 각종 구속이 약화되고 느슨해졌으며, 이러한 와해 현상은 전통적인 지위체계에서 가장 멀리 벗어난 사회, 즉 산업이 자유롭게 발달하여 경제생활을 대대적으로 재조직화된 사회에서 가장 두드러지게 나타난다. 예전에는 소유권-결혼 관계가 확고하게 형성되어 확실한 고결성을 부여했는데, 현대 산업에 직접 종사하는 계급 사이에서는 그에 대한 관념이 크게 쇠퇴했다.

따라서 현대 산업생활에 의해 조성된 사유습관은 이러한 소유권-결혼제도를 유지하는 데도 또 여성의 지위가 최고로 발달하는 데도 전반적으로 유리하지 않다고 말할 수 있다. 과거에는 그러한 소유권-결혼제도가 최고로 발달했지만 현대의 생활규율은 (보수주의 이상이 일생생활에 깊이 파고들지 않는다면) 그러한 제도를 복원할 수 있는 심리적 기반을 제공하지 않는다.

남성이 가정의 가장이자 여성의 소유자가 되고, 또한 가계의 소비재 생산물의 소유자이면서 맘대로 처분할 수 있는 소비자가 되는 이러한 형태의 결혼 또는 소유권 제도가 반드시 가부장제 혈통 체계를 수반하는 것은 아니다. 그러므로 이 점을 가지고 모계 혈통의 존재 유무를 판단해서는 안 된다. 예컨대 북아메리카의 많은 부족들처럼 남성 혈통의 가계와 여성 혈통의 가계가 상당 정도 혼합되어 공존하는 경우도 있다.

그러나 이런 경우에도 여성의 소유권은 (소유권 관행을 싹트게 한 엄격한 신분 제도와 더불어) 아주 늦은 문화 발달 단계에 이르러서야 보급되기 시작하여 모계 혈통 체제가 부족의 생활양식 속에 철저하게 흡수되지 못했다. 그런 경우에는 남성 혈통의 가계가 양호한 형태로 발달하지 않거나 모계 혈통 가계의 흔적을 아예 남기지 않는다. 이런 사례에서 발견되는 모성 혈통 가계의 흔적은 대체로 여자가 남자를 감시하기보다는 무시하는 결혼 형태를 보여준다.

가부장제의 근원은 엄격한 소유권 제도

그러한 결혼 형태는 아마도 미혼 여성의 가계라고 부르는 것이 적절할 것 같다. 이러한 흔적은 대부분의 부족 또는 종족이 상당 기간 동안 평화로운 산업 생활을 영위한 후에야 그리고 평화로운 산업 체제하에서 사회구조가 상당히 발달한 단계에 도달한 후에야 약탈적인 생활을 시작했다는 사실을 입증한다. 문화적으로, 남성 가계와 더불어 가부장제가 널리 보급된 경우 약탈적 생활이 일찍 시작되었다고 볼 수 있다.

부계 가계와 더불어 가부장제가 완전히 발달된 민족과 모계 가계나 모계 혈통의 잔재가 전혀 남아 있지 않은 민족은 일찍 약탈문화에 돌입했으며 그리하여 경제 발달 초기 단계에 이미 사유 재산제도와 계급 특권 제도를 채택한 것으로 추정된다. 한편, 모계 가계의 흔적이 잘 보존되어 있는 부족은 설령 가부장제 체계가 널리 보급되었더라도 비교적 늦게 약탈 단계에 돌입했던 것으로 추정된다.

후자의 경우에는 해당 사회 또는 부족 집단은 아마도 지리적인 이유로 약탈문화가 뚜렷한 독립된 형태에 도달하지는 못했지만, 고도로 발전된 다른 문화 또는 다른 특징을 가진 문화와 접촉하고서 비교적 뒤늦게 남성 중심의 가계 또는 부계 체계를 구축했다. 높은 수준의 종족이나 상이한 문화 상태에 있는 이질적인 종족은 침략이나 정복을 통해 그러한 접촉을 매우 효과적으로 실행했다.

이런 종류의 접촉은 초기 게르만 문화, 특히 스칸디나비아 같은 외곽 지대에서 볼 수 있는 가계 및 혈연 체계의 애매모호한 특성에서 잘 드러나고 있다. 이 후자의 경우에는 남부지역에 있는 일부 다른 사회들의 경우처럼 비록 증거가 다소 불명료하긴 하지만 두 가지 형태의 가계가 오랫동안 공존했음을 보여준다.

모계 가계는 피지배 계층 또는 하층 계급 사이에서 가장 견고하게 유지되어 온 반면, 상층계급 사이에서는 부계 중심의 혼인 형태가 존중받으며 널리 보급되었다. 이런 부족에서도 초기에는 남성 가계가 처음에는 비교적 미약했으나 나중에는 사회 전반에 걸쳐 점차 유행하게 되었다. 이처럼 게르만 문화에서는 여러 혼인제도들이 혼합되어 있는데다가 그런 혼합된 혼인제도가 재산제도와 다시 결합하여 모호한 형태로 나타나고 있다.

이러한 사실은 이와 관련한 상이한 제도들을 가진 서로 구별되는 두 인종이 서로 혼합된 사실을 보면 쉽게 설명할 수 있다. 모계 가계와 공동 재산 제도를 가진 종족 또는 부족은 처음으로 서로 혼합되기 시작했을 때는 평화적이었는데 이후로 점점 호전적으로 변모했다.

여기는 다양한 형태의 결혼제도를 설명하는 자리가 아닐뿐더러 결혼제도가 장소와 시대에 따라 세부적으로 어떻게 다른지를 보여주려는 것도 아니다. 여기서는 다만 과거 서구 문화 민족의 야만시대에서부터 전해져 내려온 결혼제도가 부계 가계로 귀결된 동기와 필요성을 보여주고자 한다. 그래서 여기서는 그러한 결혼제도의 형성과정에서 나타나는 가장 일반적인 특징 외에는 아무것도 다루지 않았으며, 또한 이러한 일반화가 근거하고 있는 증거까지도 부득이 생략하게 되었다. 여기서 제시하고 있는 주장의 목적은 이러한 문화에서 나타나고 있는 개인 소유권, 지위체계, 부계 가계가 심리적 기원에서 밀접하게 연계되어 있다는 사실을 보여주는 것이다.

부계 가계로 귀결된 결혼제도는 영원불변일까?

이미 지적했듯이 사유재산 및 남성 가계에 대한 이러한 견해는, 여성이 가정의 가장 또는 주인이면서 남편(남편들)과 가계도구 사용에 재량권을 행사하는 모계 가계가, 그 전에 존재했음을 의미하지는 않는다. 또한 예전에 난혼상태가 존재했음을 의미하지도 않는다. 그 가설과 빈약한 증거가 보여주는 것은 오히려 미혼 여성으로 구성된 혼인 형태이다.

이러한 혼인 형태의 특징은 남녀 관계가 강압적이거나 억압적이지 않다는 것이다. 이러한 결합 — 대개는 일부일처제이며 어느 정도 영속적인 — 은 어느 정도 인습적인 제약의 구속을 받기는 하지만 어느 한쪽이 마음만 먹으면 종료된다. 소유권-결혼제도가 채택되면서 혼인관계가 차별 관계로 변질되어 남성이 여성에게 강압을 행사하게 되었다. 그리하여 여성은 마음대로 혼인관계를 종료할 수 있는 권한을 상실하게 된다. 이러한 사실을 입증하는 증거들은 아직까지 일부는 출간되지 않았지만, 현대 사회와 초기의 게르만 공동체 문화에서 발견되고 있다.

소유권-결혼제도가 대단히 발달했을 때만 우리는 그 제도의 논리적 결과를 성취할 것으로 예상할 수 있다. 사회생활이 약탈 단계에 일찍 도달하지 않았고 또 약탈적 생활이 오랫동안 널리 보급되지 않은 곳이나 이러한 보편적인 가정을 가진 사회집단 또는 인종과 그러한 제도를 가지지 않은 다른 인종이 심하게 혼합된 곳에서는, 보편적인 결혼 형태가 이러한 부계 유형에서 탈피하고 있음을 보여주어야 한다.

이 두 유형 중 어느 것에 속하지 않더라도 상황이 변화하면 이러한 유형의 결혼 관계는 시간이 지남에 따라 무너지게 된다. 왜냐하면, 그것은 지위체계의 한 부분으로서 성장한 제도이며, 따라서 그러한 사회체계에는 적합할 수도 있지만 다른 종류의 체계에는 적합하지 않기 때문이다. 그러한 결혼 형태는 예전부터 내려온 인류의 사유습관에 배치될 뿐만 아니라 평화롭고 산업적인 생활양식에도 배치되기 때문에 현대의 문명사회에서 들어오면서 급격하게 무너지고 있다.

목하 소유권-결혼제도를 명백하게 무너뜨리는 작용을 하는 과거의 사유습관 부활이 그에 상응하는 사유재산 제도를 해체하는 작용을 할 것이라고 주장하는 데는 어느 정도 근거가 있다. 그러나 그 문제는 긴급한 이론적 관심사가 아니라 사색적인 호기심의 문제이다.

III. 소유권의 기원*

현재 통용되고 있는 경제 이론에서는 일반적으로 소유권의 근거를 소유자의 생산적 노동에서 찾는다. 소유자의 생산적 노동이 재산권의 합법적 기초로 보는 데 아무도 문제 삼지 않는다. 유익한 제품을 생산한 사람은 마땅히 그것을 소유하고 향유해야 한다. 경제사상의 두 극단을 대변하는 사회주의자와 고전파 경제학자는 이 주제와 관련해서는 사실상 동일한 입장을 취한다. 그 둘은 적어도 최근까지 이 점과 관련해서 어떤 논쟁도 하지 않았다. 둘 모두 소유자가 생산적 노동을 한다는 것을 자명한 전제로 인정하고 있다.

사회주의자들은 소유자의 생산적 노동을 노동자가 자기

---

* 이 글은 *The American Journal of Sociology*, Vol. IV(November, 1898)에 수록되었다.

노동의 모든 생산물을 가져야 한다고 요구하는 근거로 삼고 있다. 고전파 경제학자들에게 그러한 공리는 한편으로는 가치가 있지만 다른 한편으로 골칫거리이기도 했다. 고전파 경제학자들은 자본가가 어떻게 자신의 소유물이 되는 재화의 '생산자'가 되는지 또 노동자가 어떻게 자신이 생산하는 것을 가져야 한다고 요구하는지를 설명할 때 항상 곤혹스러워했다.

소유권과 창조적 산업이 분리되는 사례가 산발적으로 나타나는데 이것은 정상적인 경우가 아닌 것으로 간주된다. 그러한 분리는 원인의 혼란에서 빚어진 결과이다. 정상적인 경우에는 부는 생산물의 수령인 기여도에 비례하여 분배된다는 주요 명제에 대해 아무런 이의를 제기하지 않는다.

소유자가 생산적 노동을 한다는 사실이 오늘날 소유자가 소유권을 가지게 되는 결정적 근거이다. 재산제도의 기원은 미개인이 사슴 두 마리 또는 비버 한 마리, 물고기 열두 마리를 잡는 생산적 노동으로 거슬러 올라간다. 경제학자들의 저술에 따르면, 재산권의 기원에 대한 추측의 역사는 자연권(Natural Rights) 및 자연 질서(Order of Nature) 관념에 근거한 추론에 의해 구축되었다. 진화론이 등장하기 이전의 고전파 경제학자들처럼 소유권 문제를 단지 부수적인 문제로 취급하여 접근하는 사람이나 철저하게 자연권 관념을 옹호하는 사람에게는 이 모든 것이 명백하게 보인다. 이러한 입장은 소유권 제도의 논리적 기원은 물론이고 그 역사적 발전까지도 충분히 설명한다.

'선천적' 소유자는 어떤 제품을 '생산한' 사람 또는 (생산력을 건설적으로 사용하여) 어떤 물체를 발견하여 전유한 사람이다. 일반적으로 그런 사람이 그 제품의 소유자라고 이해하는 이유는 논리적으로는 소유권 관념이 창조적 산업 관념에 포함되기 때문이다.

소유권의 근거는 생산적 노동

재산권을 자연권으로 취급하는 이론은 자급자족하는 고립된 개인의 창조적 노력을 그 개인에게 소유권을 부여하는 기초로 본다. 그런데 그 이론은 자급자족하는 고립된 개인은 실제로 존재하지 않는다는 사실을 간과한다. 사실 모든 생산은 사회의 도움 속에서 그리고 사회의 도움에 의해 이루어진다. 그러므로 모든 부는 사회 안에서만 존재한다. 발달한 인류 시대에는 개인의 독립적인 노력만으로는 유용한 제품을 생산할 수가 없다. 따라서 어떤 개인도 산업적으로 고립된 상태에 있을 수가 없다. 사람들은 설령 기계적 협업을 하지 않더라도 항상 다른 사람의 경험의 안내를 받는다. 길을 잃거나 버려진 어린이를 야생동물이 기르는 경우가 이 규칙에서 벗어나는 유일한 예외적 상황이다. 그러나 이 같은 부랑자들의 비정상적인 생활은 소유권 제도를 발생시킬 만큼 사회의 발달에 영향을 미치지 않는다.

생산은 사회 안에서만, 즉 산업계와의 협력을 통해서만 이루어진다. 산업사회는 규모가 큰 것도 있고 작은 것도 있다. 대체로 산업사회의 범위에 대한 규정은 모호하다. 그러나 산업사회는 전통, 도구, 기술지식, 관습을 포함하고 전달할 수 있을 만큼 규모가 충분한 집단으로 구성된다(그러한 것들이 없으면 어떤 산업조직도 존재할 수 없고, 개인들은 서로 또는 환경과 경제적으로 관계를 맺을 수가 없다). 고립된 개인은 생산적 행위자가 아니다. 그런 개인이 할 수 있는 것은 기껏해야 군생하지 않는 동물들처럼 계절에 맞춰 살아가는 것이다.

기술지식이 없으면 어떤 생산도 할 수 없고, 따라서 어떤 축적도 이루어지지 않으며, 개별적으로 그리고 그 밖의 어떤 다른 방식으로도 부를 소유할 수 없다. 또한 기술지식은 산업사회를 벗어나면 존재할 수 없다. 또한 개인의 생산 또는 개인의 생산성이라는 것은 존재하지 않기 때문에, 소유권이 소유자 개인의 생산적 노동에 근거한다는 자연권 관념은 그 자체의 가정의 논리하에서조차 불합리한 것이 된다.

일부 논자들은 민족학적 측면에서 문제를 제기하는데 그들은 소유권 제도의 기원을 개인이 무기와 장식품을 관례적으로 사용하기 시작한 시점으로 거슬러 올라가 찾아야 한다고 주장한다. 그 외의 다른 논자들은 소유권 제도의 기원을 사회집단이 일정한 면적의 토지를 점유한 데서 찾는다. 즉 사회집단이 침입자를 물리쳐서 토지를 차지하여 '소유하게' 된다는 것이다. 후자의 가설은 집단이 토지를 소유하게 된 것을 집단의 압류 행위 또는 용맹성에 의해 보유권을 가지는 데 근거한다. 따라서 이러한 가설은 소유권은 생산적 노동에 기초한다는 견해와는 근본적으로 배치된다.

어떤 논자는 소유권은 개인이 무기와 장식품과 같은 물건들을 관례적으로 소비하면서 나타난 산물이라고 본다. 이러한 견해는 여러 현상들에 의해 충분히 지지를 받고 있으며, 또한 소유권은 자연권으로서 합당하다고 인정을 받았다. 지금까지 알려진 모든 원시 부족의 관습은 얼핏 보면 이러한 견해를 지지하는 듯하다. 모든 사회에서 개인은 장식품, 의복, 화장실 등과 같은 많은 품목은 물론이고 무기까지도 다소 제약을 받지 않고 사용하는 권리를 행사하고 있다.

현대 경제학자들은 이러한 관습을 소유권으로 간주한다. 그래서 이것을 단순히 물질적 사실(a material fact)로 해석하면, 즉 요즘음 소유권 표제로 분류되고 있는 관습이 이미 초기 시대에 출현했다고 본다면, 소유권은 이러한 물건을 개인 용도로 전환하면서부터 시작되었다고 말해야 할 것이다. 그러나 우리가 검토하고 있는 이 제도를 원시인의 관점에서 이해하게 되면 그 문제에 대해서는 반대의 의미로 답변해야 할 것이다. 문제의 핵심은 소유권 또는 재산권 관념의 유래와 관련되는데 그러한 관념은 초기 야만시대의 사유습관에서 처음으로 나타났다.

당면 목적과 관련한 우리의 관심은 원시 미개인 또는 야만인과 그들이 소지한 개인 소장품의 관계를 소유관계로 우리의 관점으로 바라보는 것이 아니라 그들이 그 문제에 대해 어떻게 이해하고 있는지를 살펴보는 것이다. 즉 원시인 또는 미개인들이 평소에 이러한 물건들이 자신들에 적합하고 또 자신만의 용도를 위한 것이라고 이해하는 능력이 있는가 하는 것이다. 각종 제도의 유래에 관한 모든 문제와 마찬가지로, 그 문제는 본질적으로 기계적 사실(a mechanical fact)의 문제가 아니라 민속심리학(folk-psychology)의 문제이다. 그렇다면, 그 문제에 대해서는 부정적으로 답해야 한다.

원시인의 소유개념과 사유습관

미개인이든 문명인이든 지식이 빈약한 사람은 자기 스스로 지식을 획득한 탓에 각종 현상들을 자기 기준으로 파악하는 경향이 있다. 이러한 습관은 문명인보다 미개인에서 더욱 견고하다. 자신의 능력을 표출하는 것은 확실히 의욕을 표현하는 것이다(의욕이란 인간의 의지와 유사한 행위가 어떤 목적을 위해 전개하는 노력을 말한다). 고풍스러운 문화의 관점은 대체로 힘차고 기운이 충만한 개성의 관점이다. 그런 개성이 영위하는 삶은 사람 또는 사물이 맺고 있는 모든 관계에서 관찰되는 실체적 사실(the substantial fact)이다.

이러한 견해는 초기 문화시대의 모든 제도를 형성하고 그것에 특징을 부여하는 데 큰 영향을 미치지만 후기 문화 단계에서는 큰 영향을 미지지 않는다. 이러한 사유습관이 지배적인 사유습관이 되면 개인과 개인 소지품과의 관계는 단순한 소유권을 넘어 그 이상의 친밀한 관계로 간주된다. 소유권이라는 용어는 매우 형식적이고 다양한 의미를 가지고 있어 그 실체를 쉽게 파악하기 어렵다.

미개인과 야만인은 자기 신체의 경계를 현대 생물학이 인정하는 경계와 일치하지 않는다고 생각한다. 미개인과 야만인은 자신의 개성이 다소 모호하고 불확실하긴 하나 자기 자신과 직접 관련된 사실들 및 물체들 가장자리 주변의 아주 넓은 범위를 포괄한다고 생각한다. 우리의 생각으로 보면, 이러한 사실들과 물체들은 그들 자신의 가장자리에서 떨어져 있으며. 미개인과 야만인은 그것들과 유기적 관계가 아닌 경제적 관계를 맺고 있다. 그들 자신의 신체 가장자리에 있다고 생각하는 사실과 물체가, 인간의 그림자를 구성한다.

그들은 다음과 같은 것들이 자신들 신체 가장자리에 있다고 생각한다: 물 또는 그와 유사한 모든 것의 표면에 비친 그의 이미지; 그의 이름; 그만의 특이한 표식; 그의 토템; 그의 눈짓; 그의 숨소리; 그의 손발 자국; 그의 목소리; 그의 신체 이미지나 표상; 그의 몸에서 나오는 배출물이나 발산물; 그의 손톱 모양; 그의 헤어스타일; 그의 장신구와 부적; 그가 일상적으로 착용하는(특히 그의 몸단장을 위해 입는) 의복; 그가 애호하는 또는 평소에 소지하는 무기. 이외에도 다양한 것들이 많이 있다.

사람들은 이러한 사실들과 물체의 전체 범위 모두에 대해 개인의 개성이 동일한 강도와 위력으로 '영향을 미치는 것'은 아니라고 말한다. 미개인과 야만인의 개성(individuality)은 외부 세계로 차츰 들어가면서 직접 감지하기는 어려우나 약간씩 흐려지다가 결국에는 완전히 가려지게 된다. 신체 주변에 있는 물체와 사실들이 야만인의 사유습관 속에서는 인간적인 모습으로 나타난다. 야만인은 그것들과 경제적 관계를 맺고 있지 않으며 그것들에 대해 법적 권리를 요구하지도 않는다. 그의 손발은 당연히 그의 것이고, 그의 맥박, 그의 소화, 그의 체온, 그의 팔다리, 그의 뇌의 작동 등과 같이 이러한 항목들은 당연히 그 자신의 것이다.

이러한 견해에 의문을 제기하는 사람들을 만족시키려면 거의 모든 사람들에게 공통적인 관습에 호소해야 할 것이다. 그 같은 보편적인 개성 개념 또는 반(半)음영의 개성 개념은 선물이나 기념품을 주거나 간직하는 경우에 나타난다. 특히 그 같은 개성 개념은 다음과 같은 경우에 명확하게 나타난다. 주문 낭송; 모든 마법; 성찬식 및 그와 유사한 경건한 의례; 티베트의 기도문 통(筒) 관행; 유물 및 우상, 상징 숭배; 신성한 장소 및 구조물 숭배; 점성술; 머리카락, 손톱, 사진 등을 통한 예언 등등.

신체 주변에 부착한 그러한 물체에 대한 믿음을 가장 확실하게 보여주는 증거는 어쩌면 사람들의 공감을 불러일으키는 마법 관행에서 엿볼 수 있다. 그러한 관행들은 사랑을 표시하는 부적에서 성찬식에 이르기까지 세계 곳곳에 유사한 사례가 존재한다. 그러한 관행들의 실질적인 근거는 신체 주변에 있는 물체를 통해서 특정 인물에게 자신이 원하는 효과를 발휘할 거라는 믿음에 있다. 그렇게 하여 접근하는 사람은 임종 상태의 동료일 수도 있고, 좋든 나쁘든 어느 정도 기도를 들어줄 유능한 정신적 대리인일 수도 있다. 마술사나 마력을 부릴 수 있는 사람이 (유사 신체적 사실을 개인의 주변에 구현시켜) 개인 개성의 '반음영부'에 도달할 수 있다면 그는 어떤 사실 또는 물체와 관계하고 있는 사람에게 좋든 나쁘든 영향을 미치게 된다.

이런 목표를 위해 수행하는 마법 의례의 효과는 그것이 대상으로 하는 물체와 그 의례를 수행하는 사람의 관계가 얼마나 밀접한지에 정확하게 비례하여 나타난다. 경제적 관계는 단순히 마법을 부리는 수단만 제공하는 것은 아니다. 사람과 특정 대상의 관계가 공감을 불러일으키는 마법의 목적을 위해 사용되면, 그 관계는 단순한 법적 소유권보다 더 중요한 것으로 간주된다.

현대의 명명법에서는 원시 야만인이 소지한 소소한 소지품을 개인재산으로 분류하지만 그는 그것을 전혀 자기 재산으로 생각하지 않는다. 그 소지품은 그 자신의 신체와 유기적 관계에 있다. 그의 신체 주변에 있는 것들 중에 그와 친밀한 것 또는 지속적으로 존재하는 것은 없다. 그러나 그의 개성과는 거리가 멀거나 그의 개성에 포함된 것으로 보기에는 미심쩍은 물건들 중 일부는 그와 유기적 관계에 있으나 일부는 그의 재산이라고 간주하기 어렵다. 그중 어느 것도 이러한 유기적 관계와 소유권 사이에 있지 않다.

신체 주변 바깥쪽 여백에 있는 물건들 중 일부는 어떤 경우는 시간이 지남에 따라 어떤 경우는 자발적으로 관계가 단절되어 제거되거나 양도되는 경우도 자주 발생한다. 그러나 그렇게 되더라도 그 물건이 유기적 관계에서 벗어나 해당 사람이 소유한 물건과 거리가 멀어져 그 사람 외부에 있는 사물의 범주 속으로 들어간다고 생각하지는 않는다. 어떤 물건은 한 사람의 유기적 영역에서 벗어나더라도 다른 사람의 유기적 영역 속으로 옮겨간다. 만약 그 물건을 공동으로 사용하면 공동체의 공동 재산으로 전환될 수도 있다.

원시사회에서는 어떤 재산에 대해 공동 소유든 개인 소유든 어떤 소유권 개념도 적용되지 않는다. 공동 소유 관념은 비교적 늦게 발달했으며, 심리적 필요에 의해 개인 소유 관념이 먼저 나타나야 한다. 소유권은 관습적 권리에 근거하여 어떤 물체에 대해 행사하는 공인된 재량권이다. 요컨대 소유자는 소유한 물체를 마음대로 처분할 수 있는 인격적 행위자이다. 인격적 행위자는 개인이다.

따라서 어떤 집단이 물건에 대해 공동의 재량권을 행사하려면 궁극적으로 허구적인 법률을 개편해야만 가능하다. 소유권은 개인 소유자를 뜻한다. 이러한 종류의 개인의 의사 공동 재량권과 통제권을 여러 개인들이 속한 집단으로 전환하는 것은 오직 성찰에 의해서만 그리고 이미 우리에게 친숙한 개념의 범위를 확대함으로써만 가능하다. 공동 소유권은 다만 의사 소유권(quasi-ownership)일 뿐이다. 따라서 공동 소유권은 필연적으로 개인 소유권에서 파생된 개념이며, 개인 소유권 개념보다 먼저 나타날 수가 없다(공동 소유권은 개인 소유권의 모조품이다).

소유권의 형성과정

소유권 개념이 점차 정교해지고 어느 정도 일관성을 확보하게 된 후부터 사용자의 개성에 의해 널리 보급됨에 따라 소유권 개념을 사용자가 소유한 물건에 적용하더라도 더 이상 특이한 일로 여기지 않게 되었다. 특정 물건이 어느 한 사람의 신체 주변에 있는 동시에 다른 사람이 소유하고 있는 경우도 종종 있다. 예컨대, 장식품이나 일상생활에서 사용하는 용품은 개인적으로는 노예나 가부장제 가정의 아랫사람이 가지고 있는 소지품이지만 재산으로서는 주인 또는 가장의 소유물이다. 일반적으로 다음과 같이 (a) 어느 한 사람이 개성을 확장하여 널리 보급한 물건과 (b) 어느 한 사람이 소유하고 있는 물건 이 두 범주는 한 공간에 동시에 존재하지 않는다. 즉 어느 한 범주가 다른 범주를 대신하지 않는다.

이 두 개념은 동시에 한 공간에 존재하지 않으므로 동일한 물체가 한 개념 아래서는 이 사람에게 속하고 다른 개념 아래서는 저 사람에게 속하게 된다. 한편, 어느 한 개념이 다른 개념 속에서 상실되지 않고 동일한 사람이 특정 물건과 두 개념 모두와 관계를 맺는 경우도 있다. 사진이나 그 밖의 기념품같이 그것이 '자아'를 유지하면서 그 개인의 신체 주변을 벗어나지 않고서 소유자가 바뀌는 경우도 종종 있다. 이와 관련하여 친숙한 예로 신성한 장소나 구조물의 세속적 소유권을 들 수 있다. 그것들은 개인적 의미에서 사람들이 신성하게 여기는 성인 또는 신의 소유물이다.

그 두 개념은 완전히 구별될 뿐만 아니라 심지어 서로 성질이 달라서 어느 하나가 발달하면 다른 하나가 발달할 수 없게 만들었다. 외부로부터 현저한 자극이 가해지지 않는 한 어느 한 개념이 다른 한 개념을 대체하는 변화는 거의 일어나지 않는다. 그런 변화가 일어나게 되면 새로운 범주를 구성하여 새로운 주제 아래 선택된 해당 사실들을 재분류해야 한다. 신체 주변에 있는 물체 중 일부를 다른 물체들과 함께 새로운 범주의 소유권 아래 위치시키려고 그 물건을 재분류하려는 자극이 발생한다. 그러한 자극은 그 자극이 미치는 영역 이상으로 그것을 발달시키려는 절박한 필요에서 비롯된다. 그런데 새로운 범주의 개념은 단순히 종래의 범주를 확장한 것이 아니다.

원래 자연스럽게 개인이 소유하게 된 항목이지만, 재산 개념이 보편화되기 시작한 후에도 모든 것이 개인재산 항목으로 간주되지는 않는다. 예를 들어, 어떤 사람의 발자국, 초상이나 인형, 이름 등과 같은 항목들은 결국에는 전부 개인이 소유한 항목 아래 포함되긴 하지만 매우 서서히 포함된다. 그래서 개인이 그러한 것들을 소유하는 것은 지극히 우연한 일이다. 그렇지만 그것들은 그 개인의 신체 경계 주변에 오랫동안 지속적으로 자리 잡고 있다. 그 두 개념 간의 불일치는 가축의 경우에 명확하게 나타난다. 가축은 인간이 아니므로 뭔가를 소유할 수 없다. 가축들이 가지고 있는 특성은 보편적인 개성이며, 그러한 특성은 그것들의 발자국, 마구간, 잘라낸 털 등의 항목으로 확장된다.

현대의 문명사회에서조차 이러한 항목들은 공감을 불러일으키는 마술을 수행할 때 사용된다. 소유와 보급 사이의 이러한 불균형을 강렬하게 보여주는 예로 달의 모양이 인간사의 행운 또는 불길한 조짐을 알려준다는 대중의 믿음을 들 수 있다. 끊임없이 변화하는 달의 모양은 유사 신체 주변을 암시하는 공감을 불러일으키는 영향력을 행사하거나 정신적으로 감염시켜 좋게든 나쁘게든 영향을 미친다. 그렇다고 그것이 달의 소유권을 의미하는 것은 아니다.

소유권은 순진하게 한편으로는 생산적 노력의 개념에 다른 한편으로는 평소에 사용하는 개념에 포함되는 단순한 직관적인 개념이 아니다. 무엇보다도 소유권은 고립된 개인의 정신적 부속물의 항목에 부여되는 것이 아니다. 소유권은 사람들이 사회계약론이 설정한 방식에 따라 서로 협력하여 생산하고 공동생활을 하며 상호 협력을 하는 과정에서 부분적으로 터득해야 하는 것이다. 소유권은 관습적 사실(a conventional fact)이며, 모든 사람이 숙지하고 있어야 한다. 소유권은 오랜 습관화를 거쳐 과거의 제도에서 발달해온 문화적 사실로서 다른 모든 문화적 사실들과 마찬가지로 여러 세대에 걸쳐 전달된다.

우리 자신이 걸어온 과거의 문화사 속으로 조금만 되돌아가면, 우리는 한 사람이 산업에 종사하고 있다는 사실이 그가 아무것도 소유할 수 없다는 명백한 증거라고 말하는 상황에

마주치게 된다. 봉건제와 노예제에서는 일하는 사람은 소유할 수 없고, 소유하는 사람은 일하지 않는다. 문화적으로 말하면, 최근에는 가부장제 가정이라 하더라도 여성도 일을 하면 노동의 산물을 소유할 수 있는 권리를 부여해야 한다는 데 아무도 의문을 제기하지 않는다.

좀 더 거슬러 올라가 야만시대에는 지금보다 가부장제 가정이 더 잘 보존되어 있었으며, 그 위치에 대한 신념은 절대적이었다. 당시에는 가장만이 재산을 소유할 수 있었고, 설령 그가 높은 봉건 직책에 있더라도 그의 소유권 범위는 크게 제한되었다. 재산 보유권은 한편으로는 용맹성에 의한 것이고, 다른 한편으로는 상급자의 허락에 의한 것이다. 초기 야만시대로 거슬러 올라갈수록 보유권의 확실한 기초로서 탁월한 능력에 더 직접적이고 더 상습적으로 의지하게 된다. 낮은 수준의 야만문화 또는 높은 수준의 미개 문화에서는 '오래되고 좋은 계획'은 거의 순수한 형태로 널리 보급되었다. 소유권 및 그것의 양도와 관련된 정당한 조건 및 상황에 대해서는 항상 일정한 합의가 존재하는데, 그중에서는 평소에 수용되고 있는 사실이 가장 중요하다.

현재 현상 유지하며 수용되고 있는 기득권은 저항불가능한 세력이 후원하는 도전에 부딪히지 않는 한 옳고 좋은 것으로 간주된다. 태곳적부터 내려온 모든 관습이 그런 것처럼, 그런 관습에 의해 승인된 재산권은 강제로 박탈하지 않으면

III. 소유권의 기원 **75**

침해할 수가 없다. 그러나 재산이 압류되거나 강제로 보유하더라도 곧바로 관습적인 정당성을 가지게 되며, 획득한 보유권도 관습으로 정착되면 침해할 수 없게 된다. "가진 자에게 복이 있나니."

야만시대에서는 용맹성에 의해 획득한 보유권이 널리 보급됨에 따라 인구가 두 개의 경제 계급, 즉 산업적 직업에 종사하는 계급과 전쟁, 정부, 스포츠, 종교의례 등 비산업적 직업에 종사하는 계급으로 구분된다. 초기의 야만문화 단계에서는 전자의 계급은 대체로 아무것도 소유하지 않는다. 후자의 계급은 자신들이 압수한 재산 또는 조상으로부터 내려온 재산을 관습의 승인을 받아 소유한다. 낮은 수준의 원시 야만문화에서는 인구가 그와 유사한 경제 계급으로 구분되지 않는다. 낮은 수준의 원시시대 야만문화에서는 강압, 용맹성 그리고 태곳적부터 내려온 지위에 의한 특권 등을 가진 유한계급이 존재하지 않으며, 또한 어떤 소유권도 존재하지 않는다.

착취하는 직업과 고된 일을 하는 직업이 뚜렷하게 구분되지 않은 사회에서는 재산 보유권이 존재하지 않는다고 하는 일반화는 대략적으로 유효하다. 문화발달의 순서에서 보면 착취 활동이 출현하기 전에는 소유권이 생겨나지 않는다. 그러나 남자다운 직업으로서 착취 활동과 함께 소유권이 생겨난 것은 아니라는 점에 유념해야 한다. 미발달한 초기의 사회, 특히 재산이 없는 온순한 미개인 무리에서는 일반적으로 그 구성원이 노력한 산물을 그 구성원이 속한 집단이 소비하지 않는다. 그 산물은 개인의 권리나 소유권과 무관하게 집합적으로 또는 무차별적으로 소비된다. 소유권은 어떤 제품을 생산한 사실 또는 완제품 형태로 즉시 소비한다는 사실과는 관련이 없다.

소유권 제도는 약탈적인 생활습관으로 이행하면서 출현

소유권은 야만시대 초기 단계에 처음으로 발생했고, 소유권 제도는 평화로운 생활습관이 약탈적인 생활습관으로 이행하면서 출현했다. 야만문화에서 소유권은 산업활동은 하지 않으면서 착취생활을 하는 계급의 특권이었다. 이전에 존재하던 평화로운 삶의 단계와 구별되는 야만문화의 지배적인 특징은 착취, 강압, 압류 등의 요소에 있다. 야만문화 초기 단계에서 소유권은 관습의 승인 아래 철저하고 견고해진 강압 및 압류 습관의 소산이다.

개인이 물품을 압류하여 부를 축적하는 관행은 야만시대의 평화로운 원시공산주의 체제에서는 새로운 제도를 수립할 만큼 널리 보급되지는 못했다. 왜냐하면, 그렇게 되면 구성원들 사이에서 폭력이나 사기 행각이 만연하여 구성원들 사이에 불화가 일어나 집단을 불안하게 하여 해를 끼치기 때문이다.

때문에 약탈생활의 초기 단계에서 개인은 소비재를 소유할 수 없었다. 왜냐하면, 호전적인 원시인 무리는 집단이 전투하는 능력을 충분히 갖추려면 부족한 생계수단을 집단이 공동으로 소비해야 하기 때문이다. 그렇게 하지 않으면, 계속 집단적인 소비를 하고 있는 경쟁상대 무리에게 먼저 굴복하게 된다.

약탈 생활의 도래와 함께 약탈 관행, 즉 적으로부터 각종 물품을 압수하는 관행이 나타난다. 그런데 약탈에 의해 압수한 물건을 개인이 소유하려면 그 물건은 즉시 소비하는 생계수단이 아니라 어느 정도 내구성을 가지고 있어야 한다. 원시 문화에서는 평소에 집단이 생계수단을 공동으로 소비하며, 정교한 관습 체계에 의해 공동으로 물품을 소비하는 관습이 고정된다.

이러한 관습은 모든 개인 구성원의 생활습관에서 쉽게 무너지지 않는 본질적인 부분이다. 아울러 집단적으로 소비하는 관행은 집단의 생존에 필수적인 요소이다. 사람들은 늘 이러한 필요성을 마음속에 품고 있으며, 그러한 필요성이 무엇이 옳고 적당한지를 올바르게 판단할 수 있는 사유습관을 형성하도록 이끈다. 때문에 초기 단계에서는 소모품을 압수하여 보유하는 관행으로부터 구성원들 사이의 공격 성향이 나타나지 않으며, 그렇게 하려는 유혹도 쉽게 나타나지 않는다. 이는 개인이 물품 저장소를 전유한다는 관념은 전통적인 사유습관에 부합하지 않기 때문이다.

유형(有形)이 아닌 물건이나 내구성이 없는 품목에는 재산 개념을 쉽게 부여하지 않는다. 수명이 짧은 소비재를 부의 항목으로 간주하는 경우는 상업이 상당히 발달한 곳, 즉 거래와 판매가 사회의 생활에서 주요한 부분을 차지하는 곳에서만 나타난다. 눈앞에서 금방 사라지는 개인 서비스에도 재산 개념을 부여하기가 매우 어렵다.

보통 사람들은 개인 서비스를 재산으로 분류하려는 시도에 대해 무의미한 일이라고 생각하며, 전문적인 지식을 가진 경제학자들 사이에서도 의견이 분분하다. 상식적인 지식에서는 일반적으로 내구성을 가진 판매 가능한 유형의 상품이 아니면 재산 개념을 붙이지 않는다. 심지어 금전적 사고와 금전적 개념이 널리 보급된 현대 문명사회조차도 그러한 상품에는 재산 개념을 붙이지 않는다. 마찬가지로 이와 비슷한 이유로 상업화되지 않은 초기의 문화 단계에서는 내구성이 없는 물품에 소유권 개념을 적용하는 것이 상당히 어려웠다.

그런데 약탈적인 무리가 습격하여 압수한 내구성 있는 용품이나 소비품은 일반적인 용도로 사용되는 물품 또는 그것들을 압수한 사람이 직접 지속적으로 사용하는 개인 용품이다. 전자의 경우에는 그 물품은 집단이 공동으로 소비하기 때문에 소유권 개념을 수반하지 않는다. 후자의 경우에는 그 물품은 그것을 사용하는 사람과 유기적 관계에 있는 물건으로 취급되며, 따라서 그 품목들은 재산의 항목으로도 부의 저장소로도 간주되지 않는다.

포로 여성은 개인 소유권의 시작일까?

어떻게 약탈 생활 초기에, 재화를 탈취하는 방법을 통해서 소유권 제도가 생겨났는지는 알기 어렵다. 하지만 그러한 방법에 의한 소유권은 사람을 탈취하여 점유하는 경우와는 다르다. 포로로 잡혀온 사람들은 공동으로 소비하기에는 적합하지 않는 항목이며, 그들을 잡아온 개인이 그들을 전유하더라도 집단에는 아무런 해를 끼치지 않는다. 아울러 포로로 잡혀온 사람들과 그들을 잡아온 사람은 각자의 개성이 명백히 구별되며, 따라서 그들을 인격적인 범주 안에 쉽게 포함할 수가 없다.

무방비 상태에서 포로로 잡혀온 사람은 주로 여성이다. 여기에는 그럴 만한 이유가 있다. 원시사회에서는 남성 노예계급이 있지 않으면 여성은 통제하기 쉬울 뿐만 아니라 여러 면에서 유용하다. 잡혀온 여성의 노동은 집단에는 그들의 생계를 유지시켜 주는 것 이상으로 가치가 있으며, 여성 포로는 무기를 소지하고 있지 않아서 포획된 남성보다 덜 위협적이다. 여성 포로는 포획의 목적을 매우 효과적으로 수행하고 있으며, 따라서 여성을 포획한 자가 여성 포로와 일정한 관계를 유지할 필요가 있다.

그리하여 포획자는 여성 포로에게 우월적이고 강압적인 태도를 유지하게 된다. 그는 용맹성이 뛰어나서 라이벌 전사들이 요란하게 소리를 지르며 침입하더라도 피해를 당하지 않는다. 여성 포로는 통제하고 억압하기가 쉽다. 여성 포로에게 권력을 휘두르면 자신의 명예와 허영심을 북돋워 주므로 여성 포로의 효용성은 매우 크다. 그러나 여성 포로에 대한 횡포가 자신의 용맹성을 나타내는 증거 역할을 하지만, 그러한 횡포는 여성 포로의 전리품으로서 효용성과 양립할 수 없다.

이러한 관행이 관습으로 굳어지면 여성을 포획한 남성은 그 여성을 배타적으로 사용하고 학대하는 관습적 권리를 행사하게 된다. 이와 같이 그 자신의 유기적 부분이 아닌 물건에 대한 관습적인 사용권과 남용권이, 분명 소박한 의미의 소유관계를 구성하게 된다. 이러한 포획 관행이 한 사회의 일반적인 관습으로 정착되면 포로로 잡혀온 여성들은 포획자와 혼인관계를 맺는 것이 일반적인 관습으로 승인된다. 그리하여 남성이 주인이 되는 새로운 혼인 형태가 성립된다. 이러한 소유권-결혼 형태가 사유 재산권 및 가부장제 가정의 원형이다. 이로써 양대 제도가 모방 경쟁의 기원을 이루게 된다.

포로 여성과 혼인형태는 가부장제 가정의 원형

 소유권은 포획된 여성이 아닌 다른 사람으로 확장하여 발달하는데 그 과정의 세부적인 사항에 대해서는 여기서 자세하게 다룰 수 없다. 또한 소유권과 함께 보급된 혼인 제도의 발달 과정에 대해서도 여기서 자세하게 다룰 수 없다. 소유권-혼인 제도가 확고하게 정착된 지 얼마 지나지 않은 경제가 진화하는 어느 시점에 이르면서 소비재에 대한 소유권이 출현했다. 종(從)으로서 혼인관계를 맺은 여성들은 주인에게 신체적인 봉사를 제공해야 할 뿐만 아니라 각종 용품의 생산에도 종사해야 한다. 전쟁터에 나가지 않거나 천한 위치에 있는 사회구성원이 모두 평소에 그 같은 일에 종사한다.
 '내 것'이라는 관념이 사람들의 사유습관에서 승인되어 핵심적인 부분으로 자리 잡게 됨으로써 나에게 도움이 되는 사람을 존중하는 습관이 나의 관심사와 일치할 때 새로 취득한 소유권 개념을 소유권 보유자가 수행한 노동의 산물로 확장하는 것은 비교적 쉬운 일이다. 초기의 소유권 제도를 형성하는 데 지대한 역할을 하는 모방 경쟁의 성향은 소유한 사물의 새로운 범주로 그 영향을 확장한다. 여성의 노동 산물은 주인의 안락과 충만한 삶을 증진하는 데 유용한 것으로 평가될 뿐만 아니라 그 자신이 유능한 하인을 많이 소유하고 있음을 과시하는 증거로서도 가치가 있다. 따라서 여성의 노동

산물은 주인의 우월한 힘을 보여주는 증거로서도 유용하다. 소비재의 전유 및 축적이 원시공산주의 사회의 직접적인 부산물로서 널리 보급되지는 않은 것은, 개인 소유권이 눈에 띄지 않게 서서히 나타났기 때문이다.

2부 자본주의 사회와 노동

Ⅳ. 약탈문화의 기술
Ⅴ. 제작능력과 노동의 지루함
Ⅵ. 현대문명에서 과학의 위상

IV. 약탈문화의 기술

　어느 문화에서든 보편적으로 통용되고 있는 기술적 통찰력과 숙련도는 명백히 집단생활의 산물이며, 공동의 자원으로 간주된다. 따라서 개별 노동자는 그것에 접근하지 않으면 무기력한 존재가 된다. 개인은 이러한 공동의 기술 장비를 효과적으로 공유하고 있기 때문에 또 그렇게 하는 한에서 노동자가 된다고 말하더라도 틀린 말이 아니다.

　어떤 개인은 유달리 노동자의 적성을 타고났을 수도 있으며, 동료들에 비해 훨씬 몸이 튼튼하거나 동작이 기민할 수도 있다. 또는 어떤 개인은 동료들에 비해 날카로운 시야를 가지고 있거나 재치가 넘칠 수도 있고 또 현명하거나 부지런할 수도 있다. 그러나 이러한 모든 재능을 가지고 있더라도 노동자에게 필요한 일단의 지식을 갖추고 있지 않으면, 그 개인은 단지 인적 자원을 보기 좋게 묶어놓은 꾸러미로 남게 되어 산업에 아무런 영향을 미치지 않게 된다.

개인은 그러한 특수한 재능을 가지고 있든가 아니면 이러한 공동의 자원에 기초하여 특수한 훈련을 받아야 특출한 장점과 미덕을 가진 노동자로서 동료들과 어깨를 나란히 할 수 있다. 또한 공동 작업을 할 때는 노동자의 적성을 활용하지 않으면 아무리 열심히 훈련을 받았더라도 좋은 기회가 왔을 때 가치를 발휘할 수가 없다. 사회의 노동력은 유전적 특성과 후천적 특성 이 두 가지가 어울려 형성된다. 개인은 집단생활의 산물이다.

혈통이라는 용어를 충분히 자유로운 의미로 사용하면, 혈통은 노동자가 장비를 효과적으로 이용하도록 사회가 그에게 제공하는 공동의 전문 기술지식보다 더 필요하지도 않고 덜 필요하지도 않다. 그러나 노동자 개인의 기술이 집단의 기술이듯이 그의 혈통도 집단의 혈통이다. 때때로 유전과 환경은 동일한 효과를 가진다고 말하는데 개인은 유전과 환경의 피조물이다. 유전은 항상 집단유전이며, 인간의 경우 특히 그러하다.

인간은 집단유전의 산물

사람들은 자존심이 너무 강하면 대체로 자신이 물려받은

유산이 인간 본성에 미치는 효과를 인정하지 않거나 거부하게 된다. "탁월한 능력을 주신 신의 은총에 감사하든 아니면 그러한 능력을 물려주신 저명한 조상들에게 감사를 하든 어쨌든 나는 평범한 세리(稅吏)가 아니다." 소송 당사자들이 재판 관할 장소를 변경하면 재판결과도 달라진다. 예컨대, 하등 동물의 경우 집단유전이 너무 명확하게 나타나서 생물학자들은 (모든 단성생식¹ 동물을 제외하고) 집단유전의 효과를 전혀 부정하지 않는다.

단성생식 혈통은 인간에서는 거의 나타나는 경우가 매우 드물 뿐만 아니라 수컷 계통에서는 전혀 나타나지 않는다. 다원주의 생물학자들은 집단유전을 종(種)의 안정성의 주요 요인으로 꼽는 경향이 있다. 또한 그들은 집단유전이 완전히 작동하지 않는 특수한 경우에 대해서도 많은 호기심을 가지고 있다. 한편 그들은 심지어 특정 혈통이 우연히 고립되는 경우도 특정 유형이 분화되어 고정되는 요인으로 바라보았기 때문에, 불가항력의 기계적 장애물이 나타나서 지속적으로 이종교배를 방해하지 않는 한, 그러한 분화 및 고정 현상을 설명할 수 없게 되었다.

집단유전과 유사한 요인은 인종들 간의 특징의 차이에서

---

1 단성(單性) 생식: 꿀벌·물벼룩·진딧물·약모밀·껄껄이풀·민들레 등과 같이 수컷과 암컷이 수정하지 않고 단독으로 새 개체를 만드는 생식법—옮긴이.

확인할 수 있다. 모든 특정 인종의 유전은 모든 개인을 하나의 인종 범주로 분류할 수 있을 만큼 충분히 동질적이다. 거의 모든 개인이 순수 혈통으로 이루어진 사회에서, 그 사회의 공통적인 인종 유형과는 명백히 구별되는 신체적 특성을 가진 개인이 태어났을 경우, 인류학자는 "그 개인은 동일한 혈통의 다른 개인들과 어떻게 다른가?"라고 질문하는 것이 아니라 "무엇이 이질적인 혈통인가?" "그 혈통은 어디서 유입되었는가?"라고 질문한다. 이것은 인종의 신체적 성질과 관련된 문제이지 정신적 성질과 관련된 문제가 아니다.

기독교국가의 모든 주요 민족들의 경우처럼 모든 개인이 혈통적으로 혼혈로 구성된 문화에서는, 집단유전이 특히 변칙적으로 나타난다. 이 점에서 보면 그런 문화에서는 개인의 운명은 멘델[2]의 우연성 변덕에 상당 정도 노출되어 있다. 그래서 그런 문화에서는 개인의 신체적 및 정신적 특성은 주로 우연의 결과이다. 모든 문명인들처럼 각 개인이 불안정한 혼혈로 이루어진 무수한 조상으로부터 유전적 성질을 물려받은 곳에서는, 개인의 우연성은 항상 공동의 혈통에서 이어받은 우연성이다. 온갖 혈통이 섞인 조상 가운데서 그와 닮은 조상

---

[2] 멘델(Gregor Johann Mendel, 1822~1884): 오스트리아의 성직자이자 식물학자, 박물학자로 유전학의 시조로 불린다. 그는 완두의 교배실험을 통해 모든 유전 법칙을 명확하게 규명하여 자신의 이름을 딴 일명 멘델 법칙을 확립하여 유전학 발전에 크게 기여했다-옮긴이.

은 거의 없다.

그러나 그는 또한 이러한 임의교배로 혼혈이 이루어진 경우 모든 곳에서 좋든 나쁘든 다양한 조상들에서 나타난 것보다 더욱 뚜렷한 유전적 성질을 물려받을 수 있는 훌륭한 기회를 가진다. 그러한 기회는 일반적으로 모두 결혼에 의한 혼혈로 이루어진 사회에서 나타나는데 새로운 특이 체질은 혈통적으로 거리가 먼 부모보다는 많든 적든 주로 자손에서 뚜렷하게 나타난다. 왜냐하면, 다중의 혈통이 이종 교배하여 혼혈로 이루어진 부모의 경우에는 이들에게 잠복해 있거나 퇴행한 보완적 성질이, 양쪽 모두에서 나타나 서로 결합되어 누적적으로 강화하여 예상치 못한 결과를 낳기 때문이다. 따라서 혼혈 사회의 모든 개인의 운명은 유전적으로 다소 불안정하다.

이러한 조건들은 서양 문명이 인류 역사에 처음 알려지기 시작한 이래로 유럽 민족들 사이에서 널리 보급되었다. 그리하여 이러한 상황에서는 모든 개인은 집단의 공통적인 특징을 보완하는 성질 중에서 자신에게 할당된 몫도 집단에 빚지고 있다. 뿐만 아니라 설사 그가 공통적인 특징과 구별되는 성질을 가지고 있더라도 그 개인적인 특성과 약점을 보완하는 많은 성질들도 집단에 빚지고 있다. 게다가 그 개인이 소유하지 않은 모든 성질을 [다른 개인에게] 보이지 않게 전달해주는 기회도 집단에 빚지고 있다.

소유권 개념의 탄생과 문화

분업의 진전이 미미하고 직업의 다양성이 주로 계절의 변화에 따르는 하등문화에서는 그 사회의 기술 지식과 숙련도가 공동의 자원으로 확대되지 않고 또한 깊이도 일천하여 평범한 사람도 대략적으로 이해할 수가 있다. 그런 하등문화에서는 모든 사회구성원들은 그것을 쉽게 배워 접근할 수가 있으며, 모든 사람에게 그 사회의 산업기술 상태에 요구되는 훈련이 제공된다. 또한 도구와 장비 등 중요한 필수적인 설비가 아직 발달되지 않아서 누구나 일상생활 속에서 힘들이지 않고 간단히 획득할 수가 있다.

그 사회의 구성원들은 산업적 직업을 수행하는 데 적합한 공통된 성향을 가지고 있기 때문에 생계수단을 구하거나 일상적인 생산 활동을 할 때, 산업 생산물의 생산에 필요한 중요한 설비를 개인의 일상생활 속에서 부담 없이 획득할 수가 있다. 필수적인 설비, 즉 생산적 산업에 필요하고 도움이 되는 도구, 연장, 장비 등은 일상적인 작업에 부수적으로 따라다닌다. 이러한 설비의 사용에 필요한 기술 지식과 숙련도는 다소 부족한 면이 있기는 하지만 많은 점에서 동일하다.

그런 문화에서는 산업기술 상태의 수준에 따라 생산이 결정되므로 사회구성원들은 공동의 이익을 추구하고 아무도 피해를 입지 않도록 협력하여 일을 한다. 왜냐하면, 그런 사회에서는 사실상 개인도 존재하지 않고 사적으로 추구하는 이익도 존재하지 않기 때문이다.

그런 사회에서는 모든 구성원에게 공인된 의무가 있지만 물물교환이나 고용관계는 사실상 존재하지 않는다. 그런 사회에서는 물론 재산도 없고 소유권도 없으며, 당연히 가격도 존재하지 않는다. 때문에 이러한 상황에서는 생활습관이 그에 합당한 사유습관을 유발하지 않는다. 따라서 사용하는 물건과 장식품은 당연히 제작자 또는 사용자에게 친밀하게 인격적으로 붙어 다닌다.

공동체 경험을 통해서 소유권 개념이 생겨나서 현재의 사유습관에 영향을 줄 만큼 충분한 효력이 지속될 때 그러한 물건과 장식품이 소유권으로 해석되기 시작한다. 또한 관례적인 권리와 의무 체계를 충분히 수립할 만큼 상호성 의식이 싹터서 상호봉사 및 상호부조의 관념도 다소 존재하게 된다. 따라서 그런 사회에서는 개인이 일정한 토지를 보유하고 관습적 사용권을 인정하게 되면 누군가가 그 관습적 소유권을 조금이라도 침해하면 분개한다. 그러나 이러한 관행들을 소유권의 이상과 권리로 이해하는 것은 잘못된 생각이다.

비록 문명인들은 이런 종류의 관행에 접해 오긴 했지만, 그러한 관습에 대해 다른 어떤 식의 해석도 추가할 수가 없었다. 왜냐하면, 문명인들과 하등문화 사람들과의 관계는 일종의 금전적 관계이며 금전적 목적을 위한 것이기 때문이다. 또한 문명인들은 하등문화 사람들에게 금전적 관념 외에 다른 어떤 관념도 전파하지 않았기 때문이다.

하등문화의 사람들에게는 소유권이 아무런 의미가 없었고 또한 소유권은 어떤 목적에도 기여하지 않았기에 소유권 및 재산권 제도를 제정하려는 사유습관이 형성되지 않았다. 소유권을 부여할 만한 사소한 소지품들은 소유권 제도를 실행할 만큼 중대하거나 긴급한 물건이 아니며, 그것들은 오히려 재산권에 대한 인식이 형성되지 않았을 때 더 잘 처리된다. 그런 문화에서는 당연히 부가 상당한 규모로 축적되지 않았을 뿐만 아니라 그렇게 하려는 유인도 존재하지 않았다.

또한 그러한 문화에서는 장신구와 개인 소지품을 축적하는 것이 가장 손쉬운 접근 방법이며, 거기에는 약간의 무기와 연장도 거기에 포함된다. 이러한 것들은 대부분 그것의 소유자 또는 보유자에게 귀속되며, 그 이름은 상표 또는 매매가능한 영업권으로 사용하기 전에는 종신 소유권으로 보유할 수 없으며, 금전적 자산으로 간주되지 않는다.

V. 제작능력과 노동의 지루함 *

"노동은 지루하다"는 말은 일반 경제이론에서는 하나의 상식이다. 경제문제를 다루는 많은 논의들이 "사람들은 노동을 해서 생산한 상품을 갖고 싶어 하면서도 상품을 생산하는 노동은 피하고 싶어 한다는" 격언에 입각하고 있다. 이러한 상식적인 견해는 일반적인 점에서는 이 주제와 관련된 현재의 이론과 일치한다. 상식적으로는 경제적인 행복은 노동을 하지 않으면서 상품을 무제한 소비하는 것이다. 반면에 완전한 경제적인 고통은 아무런 보상도 받지 못한 채 노동하는 것이다. 인간은 본능적으로 생활수단의 공급을 위해 노력하는 것을 좋아하지 않는다.

---

* 이 글은 *The American Journal of Sociology*, Vol. IV(September, 1898)에 수록되었다.

이렇게 단조롭게 진술하면 아무도 그 명제를 받아들이지 않을 것이다. 그러나 그것을 있는 그대로 진술하더라도 저명한 경제학자들의 저술들에서 함축하고 있는 내용을 과장하는 것이 아니다. 그처럼 유용한 노력에 대해 혐오하는 것이 인간 본성의 본질적인 부분이라면, 분명 모든 인간에게서 에덴동산 뱀의 흔적이 나타나야 한다. 왜냐하면, 그것이 인간의 독특한 특성이기 때문이다.

인간은 생명을 유지하기 위한 어떤 활동에 대해서도 혐오하는 데 반해 동물은 어떤 종에서도 그 같은 혐오가 발견되지 않는다. 어떤 종이 출현하여 안정성을 확보하기 위한 선택 과정에서 자신의 생활과정을 유지해주는 활동을 혐오한다면 그 종은 더 이상 생존할 수가 없다. 인간만이 선택과정의 규범에서 예외적인 존재라면, 그 같은 특이한 성향은 아마도 심술궂은 만능신이 인간의 성질 속에 침투시켜 놓은 것으로 봐야 할 것이다.

그러나 이처럼 명백히 부당한 면이 있긴 하지만 그럼에도 불구하고 거기에는 분명한 사실이 있다. 사람들은 일반적으로 유용한 노력에 대해 혐오한다는 점에 대해서는 솔직히 어느 정도 인정한다. 하지만 그러한 혐오는 모든 노력에 해당되는 것이 아니라 일부 노력에만 해당된다. 특히 일반 대중이 그러한 노력을 유용한 노동으로 인정하는 경우 그러하다. 전쟁이나 정치 또는 그와 유사한 성격의 직업에 종사하는 노력과 같이 인간이 사용하는 제품을 제공하지는 않더라도 인간에게 이익을 가져다주는 노력에 대해서는 혐오하지 않는다.

스포츠 또는 그와 유사하게 아무런 금전적 이득도 가져다주지 않고 유용한 생산물도 제공하지 않는 직업에 대해서도 사람들은 대체로 공개적으로 혐오감을 표출하지 않는다. 그렇지만 어떤 노력이 무익하다고 해서 혐오감을 가지지 않는 것은 아니다. 하인이 시중을 드는 것이 그런 경우에 해당한다. 이러한 노동은 대체로 유익한 목적을 수행하지 않더라도 감수성이 예민한 사람은 그런 노동을 불쾌하게 여긴다.

고전경제학자들이 대략적으로 윤곽을 그려놓고 풍자 화가들이 색칠하여 완성한 그림 속의 '경제인' 모습은 기형적인 동물 모습을 하고 있다. 하지만 대중이 일상적으로 표현하는 경제인의 성향에 비추어 볼 때 그 초상화는 크게 과장된 것이 아니다. 그러나 경제인이 경제학설에 어울리는 복장을 입고 일반 평민으로서 봉사한다면, 자신의 한계가 무엇인지 그리고 자신이 어떻게 자연선택의 법칙에서 해방되었는지를 설명하는 것은 과학의 책무이다.

사실 그는 자연선택의 법칙에서 해방되긴 했으나 그것은 실질적 해방이 아니라 외관상 해방이다. 생존 투쟁에서 인간은 종의 삶의 목적을 위해 자신의 성향을 완전하게 조정하느냐 여부에서 후일 그의 경쟁자들 사이에 차이가 있다. 이러한 점에서 인간은 오래전부터 경쟁자들과 많은 차이가 있고 그

차이는 시간이 갈수록 넓어졌다. 그래서 지금 인간은 종의 생명에 위협을 받지 않고서도 생존의 정신적 기초를 조절할 수 있게 되었다.

노동을 싫어하는데, 스포츠는 왜 좋아하는가?

다른 동물들과 마찬가지로 인간은 자신이 살고 있는 환경이 가하는 자극에 반응하여 행동하는 행위자이다. 다른 종들과 마찬가지로 인간은 습관과 성벽을 가진 생명체이다. 그러나 인간은 다른 종들보다 높은 수준에서 자신의 행동을 인도하는 습관을 정신적으로 소화하고, 그러한 습관과 성향을 평가한다. 인간은 탁월한 감각을 가진 지적 행위자이다. 인간은 선택적 필요에 의해 목적지향적으로 행동하는 성향을 부여받았다. 인간은 목적의식을 가지고 있어서 무익한 삶과 행동에 대해서는 혐오하게 된다.

그런 충동이 발현되는 형태와 방향은 개인들 사이에 큰 차이가 있다. 그러나 충동 자체는 특이한 것은 아니며, 인간 본성의 일반적인 특성이지 극히 일부 개인에게서 간헐적으로 발생하는 특성이 아니다. 목적지향적으로 행동하는 성향이 부족하거나 완전히 결여한 경우도 가끔 발생한다. 이를테면, 계모 아래서 양육을 받은 탓에 성격에 문제가 있는 사람은 '결함 있는 사람'으로 분류된다. 삶의 여건이 향상된 현대생활에서는 이와 같이 인간 본성에 결함이 있는 혈통은 그 수가 감소하여 결국 소멸된다. 유전적으로 의존적이거나 결함이 있는 가족의 이력에서 이러한 효과가 명확하게 나타난다.

인간은 생존 투쟁에서 환경의 힘을 이용할 수 있는 우월한 능력을 가지고 있다는 점에서 다른 종에 비해 큰 이점을 가지고 있다. 인간이 창조의 주인으로서 지위를 갖게 된 것은 인간이 물질적인 생활수단을 의도대로 전환하는 성향을 가졌기 때문이다. 그것은 노력하려는 성향이 아니라 목표를 성취하여 달성하려는 성향이다. 인간의 우월성은 결국에는 산업적 또는 경제적 우월성이다. 경제생활에서 인간은 중개자가 아닌 행위자이다. 인간은 어떤 행동에서든 구체적이고 객관적이며 비인격적인 목표의 달성을 추구하는 행위자이다. 이러한 보편적인 행동 규범은 인간이 물질을 이용하는 모든 일에서 인간의 생활을 안내한다. 따라서 그 행동 규범은 경제생활 과정의 이론을 목적으로 하는 모든 과학에 출발점으로서 기여해야 할 뿐만 아니라 지도 원리를 제공해야 한다. 경제학 이론의 범위 내에서 특정 현상에 대한 최종 분석은 항상 다음 분석을 하도록 자극을 불어넣어 주어야 한다.

이 모든 사실은 방금 인습적으로 노동에 대해 혐오한다고 말한 것과는 모순되는 것처럼 보인다. 그러나 그러한 모순은 얼핏 보이는 것만큼 실제로 그렇게 심한 것은 아니다. 그 모순을 해결하는 방법은 노동에 대한 혐오는 대부분 인습적인 혐오일 뿐이라고 간주하는 것이다. 과로로 긴장하지 않은 상태에서나 마음이 흐트러지지 않은 편안한 상태에서 냉정한 시각으로 보면, 인간의 상식은 언제나 제작능력의 지도를 받는다. 사람들은 다른 사람들이 어떤 목적을 위해 생활하는지 그리고 자신의 삶이 얼마나 유용한지 되새겨보고 싶어 한다. 모든 사람은 경제적 또는 산업적 공로에 대해 어느 정도 심미안을 가지고 있으며, 이러한 경제적 장점에 비추어 쓸모없거나 비능률적인 것은 혐오하게 된다.

경제적 장점이 긍정적으로 표출되면 충동 또는 제작능력이 되고, 부정적으로 표출되면 낭비를 초래하여 비난받게 된다. 경제적 장점이 물질적 생활을 향상하여 효과적으로 경제적 결과를 낳으면 인정받고, 경제적 단점이 물질적 생활을 저해하여 무익한 경제적 결과를 낳으면 비난받는다. 경제적 장점과 관련된 규범은 한편으로는 윤리적 행동 규범과 밀접하게 연계되고 다른 한편으로는 심미적 취향 규범과 밀접하게 연계된다. 이 점에 대해서는 별도로 자세하게 논할 필요는 없다. 경제적 장점과 관련된 규범은 그것의 생물학적 근거 그리고 그것을 판정하는 범위 및 방법와 관련하여 위에서 말한 윤리적 행동 규범 및 심미적 취향 규범 모두와 매우 밀접하게 연계된다.

언뜻 보면 제작능력은 유용한 노동에 대한 인습적인 혐오와 첨예하게 대립되는 것처럼 보인다. 그 둘은 사람들의 일상생활에서는 서로 대립되어 나타난다. 그러나 어떤 행위나 사건에 대해 신중한 판단을 내릴 때 전자는 인간 본성의 일반적이고 지속적인 특성을 보편적으로 가진다는 점에서 우월성을 주장한다. 그렇지만 그 둘 중 어느 하나가 우월하다고 말할 수는 없다. 전자는 인간이 종(種)으로서 생존하는 데 필수적인 성질이다. 후자는 모든 경쟁자들과 멀리 떨어져 있는 종에서만 나타나는 사유습관이며, 따라서 그것은 전자가 허용하는 한에서 그리고 전자가 설정한 경계 안에서만 우세하다. 이 둘과 관련하여 제기되는 문제는 다음과 같다. "노동에 대한 혐오는 제작능력에서 파생된 것인가?" "노동에 대한 혐오는 제작능력과 근본적으로 모순됨에도 불구하고 어떻게 발생하여 일관되게 지속되고 있는가?"

　최근 초기 문화에 대한 저술가들 사이에서는 다음과 같은 사실에 대해서는 어느 정도 합의가 이루어지고 있다. 즉 인간은 처음 인간계에 출현하면서부터 서로 다투고 싶어 하는 성향을 가졌다는 것이다. 요컨대 인간은 태어나면서부터 자신과 동료들의 관심과 목표를 구분하여 서로 다투고 싶어 하는 성향을 가졌다는 것이다. 따라서 인간은 타고나면서부터 행동을 하고 싶어 하는 성향을 가지고 있다는 견해가 대두하는데 한편에서는 이러한 행동하고 싶어 하는 성향은 곧 파괴적으로 행동하고 싶어 하는 성향을 의미한다고 가정한다.

요컨대 인간은 선천적으로 노동을 하고 싶어 하기보다는 싸움을 하고 싶어 한다는 것이다. 즉 정상적인 상태에서 행동의 목적은 망가진 것을 수리하는 것이 아니라 멀쩡한 것을 망가뜨리는 것이다. 이러한 견해는 인간이 목적의식적인 행동을 하고 싶어 하는 성향을 노동하고 싶은 충동으로 이해하지 않고 스포츠를 하고 싶은 충동으로 이해한다. 이러한 견해를 문화 진화의 도식에 맞추어 해석하면, 인류 이전 또는 원시-인류 단계에서 종족은 자신의 쾌락을 위해 남을 이용하는 생명체였으며 또한 인류문화의 초기 단계는 물론이고 이후의 문화 발달단계도 사실상 약탈문화가 지배적이었다는 결론이 나온다.

이러한 견해에 대해서는 할 말이 많이 있다. 만약 인류가 태생적으로 노동자 종족이 아니라 스포츠맨 종족이라고 한다면, 노동에 대해 인습적으로 혐오하는 것에 대해 아무런 설명이 필요 없다. 노동은 스포츠맨 정신과는 어긋나며, 따라서 불쾌한 것이 된다. 이 경우에는 어떻게 해서 인간은 자신의 쾌락을 위해 남을 이용하는 생활에 친숙하게 되었는지 설명하려면 매우 당혹감을 느낄 것이다. 이러한 견해는 설명하기가 매우 편리할 뿐만 아니라 많은 증거들이 이 견해를 뒷받침하고 있다. 우리보다 수준이 낮은 단계에 있는 사람들은 대체로 우리보다 더 많은 약탈적 습관을 가지고 있다.

전통적으로 저술된 인류 역사는 약탈적 착취에 대한 서사

였으며, 일반적으로 이런 역사는 일방적이거나 잘못 알려졌다는 느낌을 주지 않는다. 또한 스포츠맨처럼 싸우기를 좋아하는 성향은 거의 모든 현대 사회에서 발견되고 있다. 마찬가지로, 소위 명예심은 그것이 개인의 명예이든 국가의 명예이든 스포츠맨 정신을 표현하는 것이다. 그러므로 명예 관념이 사회 곳곳에 널리 확산되어 있다는 것은 사회가 동일한 방향으로 나아가고 있다는 증거라 할 수 있다. 고대 문화와 전통적인 신분 체계에서 스포츠맨 정신을 강화하려 했듯이 우리보다 훨씬 오래된 문화의 사회에서는 명예를 더욱 두드러지게 강조한다.

그러나 과거의 문화사를 보거나 오늘날의 인간생활을 보더라도 인간은 타고나면서 스포츠맨 성향을 가지고 있다는 전통적으로 승인된 견해에 반하는 증거들이 많이 있다. 인류 문화의 전 역사를 통틀어 대부분의 사람들은 일상생활 속에서 눈에 띄지는 않지만 끊임없이 사물을 인간의 용도로 전환하기 위해 노력해왔다. 산업을 향상하려는 당면의 목표를 달성하려면 투철한 노동자정신으로 과업을 수행해야 한다. 그래서 이러한 일을 할 때는 반드시 지금 해야 할 일에 대해 깊은 관심과 지식을 가져야 한다. 왜냐하면, 아무런 목적 없이 작업을 수행하면 어떻게 해도 더 나은 것을 획득할 수 없기 때문이다. 거기에는 그 외에 다른 이유는 없다.

다른 한편, 노동 규율은 노동자로서의 태도를 발달하게 하는 데 지대한 영향을 미쳤다. 그렇다고 지금까지 성취한 성과가 전적으로 약탈적 체제 아래에서 강압에 의해 이루어졌다는 뜻은 아니다. 왜냐하면, 이 방면에서 눈부신 진전은 스포츠맨 정신에 입각한 착취에 의한 강압이 약한 곳에서 이루어졌기 때문이다.

이 같은 견해는 상식적인 진술로부터 많은 지지를 받고 있다. 이미 지적했듯이, 대다수 성숙한 사람들은 스포츠맨 정신보다는 제작능력에 근거하여 인간행동의 가치를 냉정하게 판단한다. 그런 사람들은 전자에 대해서는 유감스러운 태도를 취한다. 이러한 점은 현재(1898년 5월[1]) 대중의 기질이 동요하고 있는 데서 잘 드러나고 있다.

그렇지만 이러한 사회에서 전개되고 있는 호전적 공격성은 실제로는 스포츠맨 정신을 고양시키는 방법의 일환으로 볼 수 있지만, 전쟁을 옹호하는 사람들은 거의 모두 다른 종류의 동기를 찾는 데 고심하고 있다. 약탈적 착취는 주로 자신의 욕망을 위해 남을 이용하는 성질을 가진 종들은 당연하다고 여기지만 그 자체로는 정당성을 가지지 않는다. 대중으로부터 아무런 지탄을 받지 않고 승인을 받는 행동은 다른 사람의 이익에 반하여 열성적으로 또는 약탈적으로 이익을 증

---

[1] 스페인 식민지 쿠바와 필리핀에서 미국과 스페인 간에 전쟁이 일어난 시기(1898.4~8) - 옮긴이.

진하는 행위가 아니라 전체 인간의 삶을 증진시키는 행위이다.

가장 오래되고 가장 일관적으로 지속된 인류의 습관은 사람들이 분노하여 극도로 긴장한 상태에서 드러난다. 그런 상황에서는 오랫동안 지속된 그 같은 성향은 즉각적으로 분출하는 인습적인 행동 규준을 억누르기도 한다. 사람들이 노동자의 제작능력의 유용성을 우대하기 시작한 것은 그러한 성향에 의해 투영된 성질이 오랜 기간에 걸쳐 일상생활에서 지속적으로 습관화된 결과이다.

인간의 삶은 활동(activity)이다. 인간은 행동을 하는 동시에 생각하고 느낌을 가진다. 인간은 생각하고 느낌을 가진 행위자이므로 반드시 그렇게 할 수밖에 없다. 인간은 다른 종(種)들과 마찬가지로 습관과 성향의 피조물이다. 인간은 선택 과정(the process of selection)이 부과한 성향의 지도 아래서 행동을 한다. 인간은 다른 종들과 달리 선택 과정에 의해 분화된다.

인간은 제작능력을 향상시킨 사회적 동물

인간은 사회적 동물이다. 인간은 선택 과정에 의해 사회적 동물의 정신적 구성을 획득할 수 있게 되었으며 또한 평화로운 동물이 되었다. 인류는 이미 오래전에 예전의 평화로운 상태에서 멀리 벗어났지만, 지금도 인간의 일상적인 사유습관과 감정 속에는 평화로운 성향의 흔적이 넘쳐나고 있다. 유혈 광경과 죽은 시체, 심지어 하등동물의 유혈 광경과 죽은 시체조차도 아직 세상 경험이 없는 사람에게는 경련을 일으킬 정도로 불쾌한 감정을 조장한다. 학살을 목격하고 만족감을 느끼는 습관은 대체로 훈련의 결과에 의해서만 나타난다. 이런 점에서 인간은 포식 짐승과 다르다. 물론 이 점에서 인간은 무리를 짓고 다니지 않는 짐승과 가장 많이 다르지만 군생하는 육식동물들 사이에서조차도 인간과 정신적으로 가장 가까운 친족은 발견되지 않는다.

인간은 몸을 보호하는 신체기관이 없으며 싸움에 유리한 강력한 근육이 발달하지 못했다. 또한 인간은 본능적으로 사나운 짐승과 대결하는 것을 꺼린다. 따라서 인간은 경쟁자를 물리쳐서 생존하는 동물이 아니라 경쟁자와 직접 대결하는 것을 피해서 생존하려는 성향을 가진 동물로 분류해야 한다.

"인간은 모든 생명체 중에서 가장 연약하고 방어력이 가장 취약하다. 그래서 정글 법칙에 따르면, 인간이 할 수 있는 것은 여러 사람들에게 조언을 구하여 다양한 사물을 나머지 사람들이 이해할 수 없도록 고안하여 변경하는 것이다." 인간은 도구가 없으면 위험한 동물이 아니다. 인간은 전투용 도구를 높은 수준으로 발전시키기 전까지는 강력한 동물이 아니었다. 도구를 효과적으로 사용하기 이전에는, 즉 인간이 진화하는 대부분의 시기 동안 인간은 기본적으로 평화를 파괴하거나 교란하는 행위자가 아니었다. 인간은 주어진 환경에 온순하게 순응하는 성향을 가졌다. 인간은 도구를 사용하면서 점점 다른 성향을 획득하기 시작했지만, 그러는 동안에도 논쟁을 즐기는 성향은 점진적이고 부분적으로만 발생했다.

인류의 생활습관은 서로 다투거나 파괴하기보다는 평화롭고 근면한 성격을 띠었다. 초기 시대에는 도구와 연장은 집단에 손해를 끼치거나 불안을 초래하는 데 사용되지 않고 주로 물체를 인간의 용도에 적합하게 만드는 데 사용되었다. 산업은 어느 한 집단이 다른 집단을 희생하여 삶을 영위할 수 있기 훨씬 전에 발달되어야 한다. 산업이 이 시점에 도달하기 전에 오랜 기간에 걸쳐 진화하는 동안에 생활 규율은 인간의 신체적 및 심적 기질과 정신적 태도 면에서 일관되게 산업 능률을 증진시켜 갔다.

인간은 쾌락적인 생활을 영위할 수 있기 전에 선택(selection)과 훈련(training)에 의해 숙련된 노동자의 본능을 발달, 보존하려고 노력한다. 주변 상황은 산업적 목적을 위해 인간을 환경에 맞게 적응하도록 강요한다. 인간은 사물과 상황을 인간의 용도에 맞게 개조하는 능력을 획득해야 한다. 그렇다고 개인이 자신의 개인적 용도를 위해서 사물을 개조해야 한다는 것을 의미하는 것은 아니다. 왜냐하면, 고대인은 반드시 집단의 구성원이어야 했기 때문이다.

또한 산업 능률이 보잘것없는 초기 단계에서는 어떤 집단도 이기심을 배제하여 강력한 연대의식을 갖지 않으면 생존할 수 없기 때문이다. 이기심은 약탈적 생활의 부산물로서만 일반적인 행동 지침으로 통용될 수 있으며, 약탈적 생활은 생산자가 생계에 필요한 것 이상으로 잉여생산물을 생산할 만큼 도구의 사용이 발달된 연후에야 가능하다. 약탈을 통해서 생활하는 것은 약탈할 식량이 풍부하게 존재할 때 가능하다.

초기의 인간은 생존을 위해 산업 능률에 의존하며 또한 물질적 수단을 하나의 목적에만 사용하는 집단의 구성원이었다. 비교적 초기 단계에서도 지상의 과일을 소유하고 유리한 장소를 차지하기 위해 집단들끼리 경쟁을 했다. 그렇지만 집단들이 적대적으로 접촉하는 경우는 많지 않았으며, 지배적인 사유습관도 충분히 형성되지 않았다.

인간이 쉽게 할 수 있는 것은 인간이 평소에 습관적으로 하는 일이며, 이런 일이 인간이 평소에 생각하는 것을 결정한다. 인간은 일상적인 행동을 하면서 친숙하게 된 사고의 범위 안에서만 편안하게 느낀다. 평소에 습관적으로 하는 행동이 평소의 사유방식을 형성하며, 나아가 사실과 사건들을 이해하여 일단의 지식으로 전환할 수 있는 관점을 제공한다. 평소의 습관적인 행동방식은 평소의 습관적인 사고방식과 일치하며, 어떤 사회에서든지 그 같은 행동양식이 만족감을 느끼게 하거나 승인을 받게 하는 인습적인 표준과 지식의 확실한 근거를 제공한다.

반대로, 생활과정 또는 생활방법은 일단 사고 속에 동화되면, 생활양식 속에 흡수되어 하나의 행동 규범이 된다. 왜냐하면, 생각하고 지식을 가진 행위자는 또한 행동하는 행위자이기 때문이다. 쉽게 이해할 수 있고 생활과정과 지식에 부합되는 것이면 옳고 선한 것으로 간주된다. 이 모든 것은 습관화가 단순히 개인적으로 또는 산발적으로 일어날 때 적용되는 것이 아니라 지식 및 행동의 필수적인 규준에 부합하지 않는 개인과 혈통을 선택적으로 제거하여 집단 또는 종족에 강요할 때 적용된다.

이렇게 되면, 후천적으로 획득한 기질은 하나의 습관에서 기질 또는 성향으로 전환된다. 그러한 성향은 전염성이 있으며, 그것의 지도 아래서 행하는 행동은 옳고 선한 것으로 간주된다. 이런 성향은 선택적 적응에 의해 발생하는데 그런 선택적 적응이 오래 지속되고 일관적일수록 그 결과로 생겨난 성향은 인류에게 더욱 확고하게 정착되고, 그로 인한 행동 규준은 아무런 이의 없이 승인을 받게 된다.

인간이 물질적 생활수단과 관계를 맺고 있는 한, 그러한 관계가 초기에 인간에게 강요한 사고 및 행동 규준은 여기서 제작능력이라 부르는 것이었다. 약탈이 유행하기 이전 시대에는 인간이 이러한 성향에 기초하여 취한 경제적 이익은 기본적으로로 이기주의적인 성질을 가지지 않았다. 집단연대 의식이 지배적인 의식으로 자리를 잡게 되면 필연적으로 그런 이기주의적인 성질은 배제된다. 선택 과정은 부당하게 물려받은 이기주의적 성질을 가진 혈통을 제거한다.

그럼에도 불구하고 가장 가난한 집단에서도 가장 평화로운 집단에서도 개인들 사이에 서로 모방하는 경쟁이 어느 정도 존재했다. 모든 상황이 발달한 요즘에는 신속하게 모방 경쟁 체계에 돌입할 태세를 갖추고 있는데 이런 점에서 보면 이미 초기 시대에 집단생활에 모방 경쟁의 성향이 필요한 만큼 존재했다고 볼 수 있다. 그러나 이러한 모방 경쟁은 개인이 상품을 획득하거나 축적하는 방향으로 나아가게 하거나 삶을 일관되게 약탈과 폭동의 방향으로 나아가게 하지는 않는다. 그러한 모방 경쟁은 일반적으로 평화로운 군생 동물에서 발견된다. 즉 모방 경쟁은 본질적으로 대개는 규칙적으로 반복하는 생식 경쟁이다. 재화의 분배를 둘러싼 모방 경쟁도 어느 정도 존재했다. 그러나 이런 모방 경쟁 또는 생존 경쟁은 삶의 지배적인 기조는 아니다.

약탈적 생활은 도구사용이 발달한 후에 나타났다.

제작능력이 부과한 행동 규준 아래서는 능률 — 실용

성 — 은 칭찬을 받고, 비능률 또는 무익한 것은 비난을 받는다. 인간은 자신의 행동과 이웃의 행동을 신중하게 비교하여 칭찬할지 비난할지를 판단한다. 사람들은 효과가 승인된 능률 기준에 얼마나 부합하는지에 따라 자신과 자신이 처한 상황에 대한 만족도를 판정한다. 둘 사이에 불일치가 아주 심하거나 지속적이면 정신적 불안의 근원이 된다.

행위자의 의도 또는 행동의 실용성에 대해서도 똑같은 방식으로 판정할 수 있다. 전자의 경우 그 공로나 과실에 대한 평가는 도덕과 관련된다. 이 글에서는 이런 식으로 그 공로나 과실에 대해 평가하는 것에는 관심이 없다. 사람들은 자기 자신의 행동을 실용성이나 능률에만 기초하여 판단하지 않는다. 사람들은 다른 사람들의 비난 또는 칭찬에 민감하게 반응한다. 어떤 목표를 달성했을 때도 만족을 느끼고 자극을 받지만 동료로부터 능률적이지 못해서 비난받을 때도 그에 못지않은 자극을 받는다.

어떤 비난 또는 칭찬에 대해 민감하게 반응하는 것은 공동생활의 상황하에서는 선택적 필요의 문제이다. 그러한 반응이 없으면 어떤 인간도 목적을 실현하는 데 요구되는 물질적 환경 속에서 집단생활을 영위할 수가 없다. 이런 점에서 인간은 혼자서 먹잇감을 찾아다니는 외톨이 짐승이 아닌 서로 어울려 군생하는 동물과 정신적 관계를 맺는다는 것을 다시 확인할 수 있다.

이처럼 공동 작업을 하고 싶어 하는 욕구의 지도 아래서 사람들은 공인된 능률의 기준에 근거하여 서로 비교하며, 동료들의 상식에 근거하여 공로와 과실의 인습적인 도식에 따라 평가하고 서열을 매긴다. 그래서 능률을 비난할 때는 반드시 그러한 도식에 입각해야 한다. 그러므로 어느 한 사람의 가시적 성과는 다른 사람의 성과와 비교해서 평가한다. 즉 특정 행동에 대해 평가할 때는 승인된 행동 목표에 직접 근거하여 평가하지 않고 다른 사람의 성과와 비교하여 평가한다.

그리하여 주어진 행동 자체의 편의성을 기준으로 평가하던 것이 다른 행위자들의 능력과 비교하여 평가하는 것으로 전환된다. 그래서 가시적 성과를 평가할 때 실용성이 아닌 각 개인의 능력에 근거하게 된다. 이와 같이 행위자들을 서로 비교하여 평가하게 되면, 행위자들의 행동을 비교할 때는 그 행동 자체의 실용성이 아니라 각 행위자들이 발휘하는 능력에 근거하게 된다. 그리하여 행위자는 실용성을 중시하기보다는 자신보다 나은 다른 행위자와 비교하게 되고, 그리하여 행동의 목표는 순수한 편의성을 추구하는 것에서 행위자의 능력 또는 위력을 과시하는 것으로 전환된다. 즉 사람들이 노력하여 추구하는 목표는 어떤 물건을 사용해서 비인격적인 목적을 달성하는 것이 아니라 단지 위력을 증명하는 것이 된다.

그래서 경제적 취향의 규범이 직접 표현되는 경우에는 제작 능력의 충동 또는 실용성은 선호하고 무익한 행동은 혐오하지만, 집단생활을 하는 경우에는 그 규범이 자신의 위력을 다른 사람에게 과시하는 성질을 가지게 된다.

능률이나 장점은 가시적 성공이라는 증거에 근거하기 때문에 어떤 행동을 할 때 비난을 받지 않으려면 좋지 않은 성과가 나오지 않도록 해야 한다. 초기 시대 또는 야만문화에서는 집단의 규모가 작고 약탈적 생활에 우호적인 조건이 아직 조성되지 않아서 집단 구성원들은 주로 산업의 능률을 둘러싸고 경쟁을 하며 산업의 비능률이 출현하는 것을 피하려고 노력했다. 이렇게 함으로써 위력과 능력을 가장 일관되게 증명하고 또한 개인의 명성을 가장 효과적으로 보여주고자 했다.

그리하여 공로의 규범과 품격 있는 행동의 규준은 앞으로 이런 방향으로 발달할 것이다. 그러나 규모가 작고, 덜 성숙한 온건한 야만인 집단은 경쟁적으로 두뇌와 근육을 생산적으로 사용하더라도 충분히 발달할 수 있는 풍부한 기반을 갖추지 못했다. 그런 상황에서는 경쟁 정신이 활발하게 촉진되지 않는다. 위력을 경쟁적으로 과시하는 습관의 발달을 촉진하는 조건은 다음 두 가지 경우이다. 첫째, 갑작스럽게 극심한 긴장을 일으키는 상황이 반복적으로 빈번하게 발생해야 한다. 둘째, 개인은 규모가 크고 특히 변화가 심한 유동적인 인간 환경에 노출되어야 한다. 도구를 막 사용하기 시작한 초기 시대의 인간 문화처럼 발달 수준이 낮은 야만시대에는 이러한 조건들이 효과적으로 충족되지 않았다.

따라서 고풍스럽고 평화로운 조직을 유지하고 있는 사회 또는 수준 높은 문화를 유지하다가 그러한 조직으로 회귀한 사회에는 경쟁 정신이 비교적 두드러지게 나타나지 않는다. 그런 사회에서는 낮은 수준의 문화와 적극적으로 노동하려는 노력의 부재 그리고 질투심 및 신분 구분의 상대적 부재가 공존한다. 그런 사회에서는 경제적 신분 및 개인들 사이의 차별은 그것이 소유와 관련된 것이든 안락함과 관련된 것이든 거의 자취를 감추었다.

도구의 사용이 한층 발달하고 인간이 환경의 지배력이 커짐에 따라 야만인 집단의 생활습관에서도 일대 변화가 일어났다. 야만인 집단은 몸집이 큰 사냥감을 추적할 때도 집단들끼리 대결할 때도 더욱 공격적으로 되었다. 야만인 집단의 산업 능률이 향상되고 무기가 매우 발달함에 따라 공격의 유인과 성취의 기회도 같이 늘어났다. 또한 모방 경쟁을 하기에 유리한 조건이 더욱 풍부하게 충족되었다. 산업의 능률이 향상되어 인구 밀도가 증가하고 이에 따라 야만인 집단은 가난으로 고통을 겪는 평화로운 구시대에서 약탈적 생활을 하는 단계로 이행하게 된다.

이러한 투쟁 단계, 즉 초기 야만시대의 집단은 공격적으로 약탈을 할 때도 있고 방어적인 위치에만 머물러 있을 때도 있다. 야만인 집단은 어떻게 하든 두 활동 노선 중 하나를 선택하거나 둘 다를 선택해야 한다(대개는 둘 다 선택한다). 초기 진화 단계에서는 이러한 일이 일상적으로 늘 발생한다.

집단이 약탈 단계로 이행하면 가장 많은 집단구성원들이 착취를 수반하는 직업에 종사하게 된다. 집단이 가장 진지하게 고려하는 관심사와 개인이 가장 탁월한 결과를 성취하고자 하는 방향은 인간의 경우와 짐승의 경우에 상반된다. 완강한 적들을 대할 때나 감당하기 힘든 요소들의 움직임에 맞서 일련의 착취를 수행할 때 사람들을 쉽게 서로 비교할 수 있다.

이 경우에는 대개 강한 완력, 성공적인 공격, 파괴적인 성질이 좋은 평판을 받는 기준이 된다. 집단생활을 할 때 지배적인 관심이 위력과 총명함을 발휘하여 좋은 평판을 받는 직업에 주로 집중되고, 집단생활에 기여하는 바가 모호한 그 밖의 것들은 관심대상에서 뒷전으로 밀려난다. 호전적 정신이 집단의 지도적인 정신이 되고, 인간의 행동을 평가할 때는 전투하는 사람의 입장에서 판단한다. 그런 집단에서는 전투하는 능력을 가장 유용하고 효과적이라고 거리낌 없이 인정한다. 착취 능력이 개인들을 비교하는 인습적인 근거가 되고, 명성은 개인의 용맹성에 근거하여 주어진다.

약탈문화가 충분히 발달하게 되면 직업들이 구분되기 시작한다. 용맹성이 거의 유일한 덕목으로서 인정받기 시작하면서부터 용맹성의 전통은 탁월한 덕목으로서 범위가 넓어지고 일관성을 가지게 된다. 그래서 용맹성을 가진 직업만이 탁월한 덕목을 행사하여 가치를 가지게 되고 좋은 평판을 받게 된다. 그래서 다른 직업들, 주로 쓸모없는 재료를 다듬어서 인간이 사용하도록 개조하는 데 몰두하는 직업들은 가치가 없을 뿐만 아니라 종국에는 가치를 떨어뜨리게 된다.

좋은 평판을 얻으려면 약탈적인 착취 능력을 보여주어야 하며 또한 착취를 수반하지 않는 직업에 종사하는 것을 피해야 한다. 단조로운 직업들, 즉 삶을 명백하게 파괴하지도 않고 또 경쟁자들이 완강하게 압력을 행사하지 않는 직업들은 좋은 평판을 받지 못하며, 약탈 능력이 결핍된 사회구성원, 즉 대담성, 민첩성, 잔인성을 결여한 사회구성원은 지탄받게 된다. 이러한 직업에 종사하는 사람은 높은 지위에 오르는 데 요구되는 용맹성이 조금도 없다는 것을 입증한다.

아무런 흠결 없이 평판을 받으려면 불길한 기운이 출현하는 것을 피해야 한다. 그러므로 약탈문화에서 좋은 평판을 받기를 원하는 건강한 야만인은 단조로운 허드렛일은 전적으로 여성 또는 미성년자에게 맡긴다. 그런 야만인은 남자답게 싸우는 기술을 연마하는 데 많은 시간을 보내며, 평화를 교란하는 방법과 수단을 고안하는 데 자신의 재능을 바친다. 그렇게 해야 명예를 얻을 수 있다.

약탈문화에서 형성된 노동은 비천하다는 관념

야만인의 생활양식에서 편안한 산업 일자리는 여성의 몫이다. 그런 직업은 결함이 있고, 공격적인 또는 파괴적인 능력을 결여하고 있으며, 따라서 좋은 평판을 얻지 못한다. 그리하여 인습적으로 결점을 가지고 있거나 해악을 끼치는 표식으로 인정되는 직업은 무엇이든지 본질적으로 천한 것으로 간주된다. 이렇게 하여 산업적 직업은 은근히 혐오 대상이 되어 사실상 비천한 직업으로 간주된다. 또한 그런 직업은 스포츠맨 정신을 결여하고 있다. 노동은 해악을 수반하고 있기에 자존심이 강한 남성은 저속한 직업에 오염되지 않도록 피해야 한다.

약탈문화가 완전하게 발달함에 따라 (아직 오염되지 않고 순박한 사람에게는) 노동은 비천하다는 상식적인 관념이 노동은 나쁘다는 관념으로 한층 더 정교하게 발달한다. 그리하여 일반적으로 잘 알고 있는 카스트나 금기 같은 양상이 나타나게 된다. 부가 어느 정도 축적되고 사회구성원 중 한쪽은 노예계급에 속하고 다른 한쪽은 유한계급에 속하는 등 문화가 한층 더 진전되면, "노동은 비천하다"는 전통적인 관념은 더욱 중요한 의미를 갖게 된다.

노동은 열등한 사람을 나타내는 표식일 뿐만 아니라 가난한 사람의 징표이기도 하다. 이것이 오늘날의 상황이다. 노동은 초기 야만시대에서 내려온 고대 전통으로 인해 도덕적으로 될 수 없으며, 불행하게도 빈곤과 연계되어 부끄러운 일이 된다. 노동은 천덕꾸러기 신세가 된다.

노동을 지루하다고 느끼는 것은 정신적 사실(a spiritual fact)이다. 그 말은 노동을 경멸적으로 보는 것이다. 그럼에도 노동은 지루하다는 사실이 현실적이고 설득력을 가지는 것은 그것이 일종의 정신적인 사실이기 때문이다. 그리하여 그것은 사실상 더욱 실질적이고 따라서 고칠 수가 없다. 그런데 정신적 유인만 존재한다면 육체적 지루함과 불쾌함은 감내할 수 있다. 야만인에게나 문명인 청년에게나 눈앞에 전개되고 있는 전쟁은 매력적으로 보인다.

전쟁에 참전한 사람들이 자신들의 경험을 들려주는 이야기 속에는 일반적으로 궁핍, 노출, 피로, 해충, 비참함, 질병, 역겨운 죽음 등이 담겨 있다. 전쟁과 그 부수물은 단어의 위력 이상으로 불쾌하고 보기 흉할 정도로 불건전하다고 사람들은 말한다. 그럼에도 적절한 사유습관만 가지고 있으면 전쟁은 매력적인 직업이다. 대부분의 스포츠와 그 외에 힘들지만 존경을 받는 품위 있는 많은 직업들도 동일한 효과를 가진다.

노동의 육체적 지루함은 예법의 규제에 의해 강요받지 않는다면 사람들은 그로 인한 불편함에 별로 신경 쓰지 않는다. 그러나 품위 있는 관습이 강요하는 노동에 대해서는 정신적으로 지루하다고 느끼게 된다. 그러한 지루함은 문화적 사실

(a cultural fact)이다. 이러한 종류의 지루함에는 어떤 구제책도 없으며, 우리의 예법 규준이 의지하는 문화구조로는 타개할 수가 없다.

물론 노동에 대한 전통적인 혐오감을 없애는 데는 취향과 양심에 호소할 수도 있다. 그러한 호소는 착하고 낙천적인 사람들에 의해 때때로 이루어지고 있으며, 몇 가지 적절한 결과를 얻어내기도 했다. 그러나 평범하고 상식적인 사람은 이 점에 대해 상식적인 예법 — 굳건하게 잔존하고 있는 초기 단계의 문화적 혈통의 유산 — 의 해법에 묶여 있다.

VI. 현대 문명에서 과학의 위상*

    일반적으로 현재의 기독교국가는 다른 어느 문명국가의 생활체계보다도 우수하다고 간주되고 있다. 반면에 다른 시대 그리고 다른 문화의 나라는 기독교국가보다 열등하거나 시대에 뒤지고 덜 발달되었다고 말한다. 이 말은 현대 문화가 전반적으로 우수하다는 것이지 최상의 문화 또는 최고의 문화라거나 모든 면에서 우수하다는 것이 아니다. 현대 문화는 사실 모든 면에서 우수한 것이 아니라 엄밀하게 제한된 지적 활동 범위 안에서만 우월하며, 이 범위를 벗어나면 오히려 다른 많은 문명들이 현대의 서양민족들을 능가한다. 현대 문화 특유의 우수성은 이전에 존재했던 문화에 비해 또는 최근에 현

---

* 이 글은 *The American Journal of Sociology,* Vol. XI(March, 1906)
 에 수록되어 있다.

대 문화와 경쟁하기 시작한 다른 모든 문화에 비해 확고한 실질적인 이점을 가지고 있다는 점에 있다.

현대 문명은 생존 투쟁에서 그와 다른 성질을 가진 다른 문명들에 비해 더 적합하다는 것을 입증해 왔다. 현대 문명은 무엇보다도 유달리 사실(Fact)에 입각하고 있다. 현대 문명에는 다른 문명들과 성질이 구별되는 많은 요소들이 포함되어 있다. 그러나 그런 요소들은 오로지 현대 문명에만 속하는 것도 아니고 현대 문명 특유의 것도 아니다. 현대 문명국가의 민족은 인류의 중대한 사실들을 고도로 비인격적으로 냉철하게 통찰할 수 있다.

현대 문화의 발달은 정점에 달했다. 이러한 현대 문화의 특성과 달리, 현대 문화양식에 포함되어 있는 나머지 특성들은 우연히 발생한 것이거나 아니면 기껏해야 사실에 대한 냉철한 인식의 부산물이다. 그러한 특성들은 습관 또는 인종적 특성에 의해 생겨난 것일 수도 있고, 그 둘이 결합하여 발생한 결과일 수도 있다. 그러나 현대 문화의 우수성에 대해 어떻게 설명하든 문명 발달의 직접적인 결과는 거의 동일하다. 그러므로 사실에 입각한 통찰력에 기초하고 있는 문명은 그렇지 않은 어떤 문화체계보다도 당연히 우수하게 마련이다.

서구 문화의 이러한 특징은 근대과학에서 두드러지게 부각되고 있으며, 기계제 산업의 기술에서 최고 수준으로 표현되고 있다. 이러한 점에서 현대 문화는 창조적이며 자립적이다.

이러한 조건하에서 서구 문명의 나머지 특성들은 자연스럽게 부수적으로 뒤따라 나오게 된다. 문화구조는 그것의 실질적인 중심을 이루고 있는 일단의 '사실에 입각한 지식을 둘러싸고 형성된다. 과학의 이러한 불투명한 창조물에 부합하지 않으면 그것이 과거의 야만시대에서 빌려온 것이든 물려받은 것이든 현대체계를 교란시킨다.

그 밖의 다른 면에서는 다른 시대와 다른 민족들이 현재의 기독교국가보다 우월하며, 여타의 덕목들에서도 기독교국가보다 훨씬 정통하다. 창조적 예술과 비판 능력 면에서도 기독교국가들은 재능이 매우 뒤떨어지며 기껏해야 고대 그리스인과 중국인을 본받아 따르는 정도에 그치고 있다. 숙련된 제작능력 면에서는 극동지역은 물론이고 중동의 장인이 성취한 것이 (옛것이든 새로운 것이든) 유럽 장인의 최고 업적보다 수준이 훨씬 높다.

신화, 민속, 신비한 상징 등과 관련해서는 많은 열등한 야만인들이 근래의 성직자들과 시인들이 성취한 업적을 능가한다. 형이상학적 통찰력과 변증법적 논리에서도 중세시대의 스콜라학자들은 물론이고 그 밖의 많은 동양인들이 기독교국가의 최고 수준의 신사고(New Thought)[1]와 고등 비평(Higher

---

[1] 신사고(new thought): 19세기 미국에서 시작된 정신치료 운동으로 최면술사 피니어스 P. 퀸비(1802~1866)가 주창한 것으로 알려짐. 퀸비는 질병은 마음의 문제라고 주장하며 정신요법과 건강의 생각을 발

Criticism)²을 훨씬 능가한다. 경건한 계율에 대한 신앙심에서는 물론이고 종교적 진리에 대한 예리한 통찰력에서도 인도나 티베트 사람들, 심지어 중세시대의 기독교인들이 현대의 독실한 상류 계층에 비하면 훨씬 대가(大家)이다.

비이성적인 그리고 맹목적인 충성에서는 물론이고 정치적 책략에서도 여러 고대 민족은 현대의 어떤 문명국가도 상상조차 하지 못할 정도의 능력을 가지고 있는 것이 입증되고 있다. 호전적인 적대와 대결에서는 이슬람 군대와 수족(Sioux) 인디언,³ 북쪽 바다의 이교도가 문명국의 뛰어난 군사지도자를 능가한다.

야만인과는 특히 냉철한 성찰 면에서 크게 구별된다고 생각하는 현대 문명인들에게는, 이 모든 것들이 모호한 가치를 가지고 있는 것으로 보일 것이다. 그렇지만 위의 사실을 볼 때 야만인 문화를 무시해서는 안 되는 이유를 보여줄 필요가 있다. 그런데 현대 문화가 기초하고 있는 그러한 사실에 입각한 지식으로는 그 이유를 보여줄 수가 없다. 예전에는 국가

전시켜 신사고 운동의 아버지라 불린다. 큄비의 견해는 데일 카네기의 『인간관계론』에서 발전되어 10세기 후반 인기를 끌었다-옮긴이.
2 고등비평(higher criticism): 성경에 있는 여러 문서의 연대, 저자 및 역사적·사상적 배경 등을 학문적으로 연구하는 방법으로 외적인 증거에 의존하는 하등비평과 달리 주로 증거에 의존한다-옮긴이.
3 수족(Sioux): 북아메리카 평원 인디언으로서 수(Sioux)어족(語族)에 속하는 언어를 사용하는 인디언들의 부족연합-옮긴이.

및 왕조 건설, 가족 구성, 불화 조정, 교의 전파 및 종파 창설, 재산 축적, 과다 소비 등과 같은 것들을 사람들이 노력하여 성취하는 정당한 목표라고 생각했다.

현대 문명인들의 과학 숭배

그러나 현대 문명인들의 눈에는 이러한 것들은 과학의 업적에 비하면 별 가치가 없는 것으로 보인다. 시간이 지남에 따라 그러한 것들에 대한 존경은 점점 줄어드는 반면에 과학의 업적에 대해서는 더욱 크게 존경한다. 이러한 사실은 근래에 "사람들 사이에서 지식이 증가하고 전파되는 것은" 옳고 좋은 일이라는 확신을 확고하게 심어주는 주요한 기반이 되고 있다. 이 명제는 일상생활에서 일어나는 사소한 복잡한 일을 말끔히 해결해준다는 점에서 서구 문화의 관점에서 보면 아무런 문제가 되지 않는다. 반면에 그 밖의 다른 어떤 문화적 이상도 문명인들의 신념 속에 아무런 문제 없이 확고하게 자리 잡지 못한다.

과학자들은 사회 전체가 협력하여 올바르게 처리해야 하는 광범위한 문제에 대해서는 공동으로 합의하여 해결한다. 과학의 이름으로 제시된 해법은 그보다 더 엄격한 과학적 탐구에 의해 파기되지 않는 한 결정적인 해결책으로 수용된다. 이러한 해결책은 비록 전부 좋은 것이 아니더라도 엄연한 사실(the fact)로 수용되고 있다. 최종 결과에는 그것 외에도 더 좋고, 더 고귀하고, 더 가치 있고, 더 심오하고, 더 아름다운 오래된 다른 기반이 들어 있다.

문화적 이상과 관련된 것은 변호사, 결투사, 성직자, 도덕주의자, 대학에 최종 의견을 맡기는 것이 더 바람직할 수도 있다. 과거 사람들은 아주 중요한 문제는 일반적으로 재판소의 판결에 만족했다. 당시에는 가장 중요한 문제들에 대해서는 재판소의 판결이 가장 바람직한 결과라는 사실을 부정할 수 없었기 때문이다. 그러나 이 점에 대해 초기 세대의 상식에서는 어떤 주장을 하더라도 현대의 상식은 궁극적으로는 과학자가 내놓은 답변이 진정하게 유일한 해결책이라고 주장한다. 문명화된 상식은 결국 불투명한 진실에 의해 지탱되며, 가시적인 사실들이 제공한 결과 그 이상으로 넘어서는 것을 거부한다.

"하나님의 낙원에 있는 생명의 나무처럼. 주님의 집에 있는 찬란한 등불처럼." 이 말은 현대 문명에서 과학이 차지하고 있는 위치를 단적으로 보여준다. 오늘날 사실에 입각한 지식에 대한 믿음은 (가끔 그렇지 않은 경우도 더러 있지만) 대개는 충분히 근거가 있다. 사람들은 그러한 지식을 우상을 숭배하듯이 높은 자리에 올려놓았지만, 때로는 그러한 지식이 인류의 최고의 이익 또는 가장 심오한 이익에 해로운 결과를 가져다주는 경우도 있다.

이러한 과학 숭배가 전부 건전한 발달로 이어지지 않을 수도 있다고 생각하는 데는 막연한 의구심 그 이상의 문제가 있다. 요컨대 사실에 입각한 지식을 무분별하게 탐구하면 인류의 정신생활이 직접 영향을 받을 수도 있다. 또한 사실에 입각한 지식에 의해 이루어진 심대한 발전의 물질적 결과는 인류를 퇴화시켜 불안을 초래할 수도 있다는 의구심 그 이상의 문제가 도사리고 있다.

그러나 여기서 우리가 관심을 가지는 것은 근대 과학의 우수성이 아니다. 여기서 우리의 관심은 다음과 같은 문제에 있다. "어떻게 해서 과학을 숭배하게 되었는가?" "과학을 숭배하기 전에 문화적으로 선행하는 것은 무엇인가?" "과학 숭배는 인간의 유전적 성질과 얼마나 관련 있는가?" 그리고 "과학 숭배가 문명인의 신념 속에 확고하게 자리 잡게 된 것은 과학의 어떤 성질 때문인가?"

어떻게 과학을 숭배하게 되었는가?

현대 심리학은 교육 문제와 교육이론에 대해 거의 한결같이 다음과 같이 말한다. "모든 지식은 '실용적인'(pragmatic) 성격을 띠고 있다." "지식은 주어진 목표를 향해 나아가는 미

완성된 행위이다." "모든 지식은 '기능적'(functional)이다." "모든 지식은 유용한 성질을 가지고 있다." 물론 이러한 말들은 현대 심리학자들의 주요 가정에 기초하여 추론한 것일 따름이다. "생각은 본질적으로 능동적이다." 이것이 현대 심리학이 내세우는 구호이다. 이 '실용주의' 심리학 학파와는 더 이상 논쟁할 필요는 없다.

그들의 구호가 전체 진리를 포함한다고 할 수는 없지만, 그들이 내세우는 구호들은 적어도 초기의 어떤 정식보다도 인식론적 문제의 중심에 좀 더 가까이 다가가고 있다. 그렇다고 확신 있게 말할 수 있는 것은 그 구호들은 적어도 한 가지 점에서는 근대과학의 요건들을 충족하고 있기 때문이다. 그것은 사실에 기초한 과학이 효과적으로 사용할 수 있는 개념이며, 마지막 분석에서 (대향적[tropismatic 對向的], (생물의) 향성, (식물의) 굴성은 아니더라도) 비인격적 용어로 그려지며, 과학이 요구하듯 이해하기 힘든 원인과 결과를 고집한다.

지식은 목적론적 측면에서, 즉 개인적인 관심과 주의와 관련해서 해석되는 반면, 이러한 목적론적 태도는 비(非)목적론적인 자연선택의 산물로 환원된다. 지식의 목적론적 성향은 어떤 목표도 지향하지 않는 여러 요인들이 선별적으로 작용하여 인류에 부과한 유전적 성질이다. 실용적인 지식의 기초는 실용적이지 않을 뿐만 아니라 인격적이지도 합리적이지도 않다.

물론 지식의 비인격적 성질은 생활수준이 낮은 문화에서 가장 뚜렷하게 나타난다. 뢰브(Loeb)[4]는 지능이 한계 이하에 있는 생명체의 심리상태를 연구한 바 있는데, 그의 연구결과에 따르면, 우리는 자극에 대해 목표를 지향하지는 않지만 확고한 운동 신경의 반응을 만나게 된다.[5] 그 반응이 '실용적'이라면 그리고 감수성이 약한 사람에게 적용되는 경우에는 그 반응은 운동 신경에 충격을 가하는 성질을 가진다. 그러한 자극에 반응하는 유기체를 '행위자'(agent)라 부른다. 이러한 용어들은 비유적으로 표현할 때만 대향적 반응에 적용할 수 있다.

감수성이 높고 복합적 신경에 대한 본능적 반응 수준이 높을수록 그와 다소 유사한 결과가 나온다. 인간의 경우에는 지능이 (반응을 선별하여 충격을 억제하는 효과를 발휘하여) 행위자에게 유리한 결과가 나오도록 합리적 행동을 하도록 유도한다. 이것은 실용주의가 소박하게 발달된 경우이다. 그런 식으로 반응하는 유기체가 '행위자'이며, 자극에 대한 행위자의

---

4 자크 뢰브(Jacques Loeb, 1859~1924): 독일 태생의 미국 실험생물학자이자 생리학자로 주로 동물의 주성(走性)과 재생에 관한 연구를 했으며, 전기분해 물질이온의 생체작용과 인위적인 단위생식 분야를 개척했다. 생체전기 및 단백질의 물리화학에 관한 업적을 남겼다.—옮긴이.

5 Jacques Loeb, *Heliotropismus der Thiere*: *Comparative Psychology*: *Physiology of the Brain*.

지적 반응이 목적론적 성격을 가진다는 사실은 더 이상 문제가 되지 않는다.

그러나 그것이 전부가 아니다. 또한 신경은 복합적인 반응으로 자극을 억제함으로써 특정 자극에 대한 반응 사슬을 분리할 수도 있다. 이렇게 분리된 사슬은 운동신경이 작용할 때 소비되거나 사용되지 않는다. 실용주의적으로 말하면, 이처럼 외곽에 있는 반응 사슬은 의도하지 않은 것이고 또한 상관없는 것이다. 그러한 쓸모없는 반응은 긴급한 경우가 아니면 대체로 보조적인 현상으로서만 존재한다. 만약 지능이 이 요소들에서 자극을 억제 선별하는 성질을 가지고 있다는 견해가 신빙성이 있다면, 운동 반응에 합리적인 행동의 성질을 부여하면서 제거한 요소들의 추가 과정을 설명하기 위해, 이러한 쓸모 없고 별 관련이 없는 반응의 사슬을 가정할 필요가 있다.

따라서 실용주의 관점에서 보면 다소 부적절한 관심과 무익한 호기심이 발견되는데, 특히 지능 수준이 높은 경우에 그러하다. 이러한 무익한 호기심은 놀고 싶어 하는 습성과 밀접하게 연계되며, 이러한 습성은 인간과 하등 동물 모두에서 관찰된다.[6] 무익한 호기심은 물론이고 놀고 싶어 하는 습성은

---

6 다음을 참조하라. Gross, *Spiele der Thiere*, chap. 2(특히 pp. 65~76), chap. 5; *The Play of Man*, Part. III, sec 3; Spencer, *Principles of Psychology*, sects., pp. 533~535.

특히 청년층에서 두드러지게 나타나지만, 청년층이 지속적으로 실용주의를 추구하는 성향을 가지고 있다는 사실은 비교적 모호하며 또한 신뢰할 수가 없다.

고대엔 의인화하거나 물활론적인 설명을 했었다

이러한 무익한 호기심에 의해 자극에 대한 반응을 정식화할 때는 행동의 편리함 또는 더 나아가 운동신경 활동의 사슬을 기준으로 하지 관찰된 현상들에서 진행되고 있는 활동들의 순서를 기준으로 하지 않는다. 이렇게 무익한 호기심을 바탕으로 하여 사실들을 '해석하게' 되면, 관찰된 대상들의 '행동'을 의인화하여 설명하거나 아니면 물활론적으로 설명하게 된다. 그렇게 하면 사실들에 대한 해석은 극적(dramatic) 형태를 취하게 된다. 요컨대 사실들을 물활론적으로 이해하여 그것에 실용주의 정신을 부여하게 된다. 그리하여 사실들의 작용은 물활론적으로 이해된 물체들의 장점을 찾거나 그 물체들이 마음속에 품고 있는 목표를 달성하기 위해 하나의 합리적인 절차로 해석하게 된다.

미개인 또는 지적 수준이 낮은 야만인들 사이에서는 신화와 전설을 대체로 이러한 방식으로 조직된 일단의 지식이 존재한다. 이러한 지식은 그것을 배우는 학습자에게는 실용적인 가치를 가질 필요가 없으며, 실제 업무를 수행하는 데 별 도움이 되지 않는다. 그러한 지식은 미신 의례를 수행할 때 간혹 실용적인 가치를 가지는 경우가 있기도 하지만, 실제로는 그렇지 않은 경우가 더 많다.[7]

하등 문화를 연구하는 모든 연구자들에 따르면, 이러한 문화 사람들이 즐겨 듣는 신화는 극적인 성격을 띠고 있으며, 또한 특히 평화로운 사회에서는 일단의 신화적인 설화는 쓸모가 없으며, 그 신화 드라마를 믿는 사람들의 실제 행동에도 별다른 영향을 주지 않는다. 한편, 어느 한쪽의 신화는 다른 쪽의 신화와는 거의 서로 독립적이다. 아주 평화로운 생활습관에 젖어 있는 사람들 사이에서 특히 그러하다. 그들은 신화를 대체로 신의 악행의 전례로 추앙하지 않는다.

자연 현상에 대해 지적 수준이 낮은 미개인의 지식은 신중한 고찰을 바탕으로 구성되어 있거나 일관되게 조직되어 있는 경우 전기문(傳記文)의 성격을 띤다. 그러한 일단의 지식은 대체로 무익한 호기심의 지도 아래서 조직된다. 일단의 지식이 편의성에 근거해서가 아니라 호기심에 근거하여 체계화되

---

[7] 에스키모, 푸에블로족 인디언, 북서 연안 지역 일부 부족들의 신화와 전설은 그러한 쓸모없는 창작물의 훌륭한 본보기이다. 이에 관해서는 Tylor, *Primitive Culture*(특히 '신화' 및 '애니미즘'에 관한 여러 장들)와 미국민속학사무국(Bureau of American Ethnology)의 여러 보고서들을 참조하라.

어 있다면, 그 지식의 진리 여부는 극적 일관성을 통해서 확인된다. 미개인의 지식에는 극적 우주론과 민속 전설만 함축되어 있는 것이 아니라 일단의 체계화된 세속적 지혜도 상당히 포함되어 있다는 것은 두말할 나위도 없다. 여기서 그것의 타당성을 검증하는 것은 별 의미가 없다.[8]

초기 시대의 실용적인 지식의 성격과 성숙한 문화 단계의 실용적인 지식의 성격은 많은 점에서 다르다. 실용적인 지식을 체계적으로 정식화하여 가장 높은 수준으로 성취하기 위해서는 검약, 신중함, 침착, 현명한 경영 등에 대한 교훈적인 훈계 ― 편의적인 행동과 관련된 일단의 금언 ― 가 뒷받침되어야 한다. 이 분야는 공자(孔子)에서 사무엘 스마일스(Samuel

---

[8] 여기서 '실용적'(pragmatic)이란 용어는 현대 심리학자들 가운데 독특한 실용주의 학파가 일반적으로 이 용어에 부여하는 것보다 제한적인 의미로 사용한다. '실용적', '목적론적' 등의 용어들은 그것의 용도를 전환하고 나아가 그것의 목적을 변경하기 위해 확장되어 왔다. 그런 식으로 그 용어의 의미를 확장한 것은 그 용어들을 모호하게 사용하는 것을 비난하기 위해서가 아니라 그것을 바로잡기 위해서다. 그러나 여기서는 그 용어들을 후자의 의미로만 사용하며, 이것만이 초기의 용법과 어원에 의해 그 용어와 어울리게 된다. 그러므로 '실용적인' 지식은 식자층에게 편의적인 목적을 제공하기 위해 고안된 것이며, 여기서 그러한 지식은 편의적인 행동을 관찰된 사실로 전가하는 것과 대비된다. 이러한 구별을 유지하고 있는 이유는 단지 현재로서는 세속적 지혜와 무익한 지식을 구별해주는 단순한 용어가 필요하기 때문이다.

VI. 현대 문명에서 과학의 위상

Smiles)[9]에 이르기까지 거의 진전된 바가 없다. 지식은 무익한 호기심의 지도하에서 더욱 포괄적인 체계로 지속해서 진전되었다. 지식과 경험이 발달함에 따라 사실을 더욱 자세하게 관찰하고 한층 더 세밀하게 분석할 수 있게 되었다.[10]

여러 일련의 현상을 극화(劇化)하게 되면 관찰된 과정을 정식화할 때 다소 덜 인격적이고 덜 의인화할 수 있지만, 그 극화가 어떤 발달 단계에 이르더라도, 적어도 지금까지 도달한 그 어떤 단계에서도, 이 무익한 호기심의 산물은 극적인 성격을 잃지 않는다. 포괄적으로 일반화가 이루어지고 우주론이 확립되긴 했지만 그것은 항상 극적 형태를 취하고 있다. 초기 시대의 이론적 고찰에서는 일반적인 설명 원리들이 정착되더라도 항상 광범위한 중추적인 원리로 귀착된다. 생성, 탄생, 성장, 쇠퇴의 과정이 반복되는 순환이 형성되고 그 순환 속에서 그 과정의 진로를 따라 자연현상을 극화하게 된다.

이 고대 이론체계에서 창초는 곧 생성이며, 잉태와 탄생은 인과관계에 있다. 그리스와 인도, 일본, 중국, 폴리네시아, 아

---

9 사무엘 스마일스(Samuel Smiles, 1812~1904): 스코틀랜드 출생으로 처음에는 외과의사로 지냈으나 이후 저술활동을 하면서 사회개량가로서 활약을 하면 많은 업적을 남겼다. 그는 "하늘은 스스로 돕는 자를 돕는다"라는 금언 실생활에 몸소 실천했으며 그의 대표적 저작 『자조론(自助論)』(1859)은 세계 각국에 번역 전파되어 사회개량운동에 많은 영향을 주었다-옮긴이.

10 Ward, *Pure Sociology*, pp. 437~448을 참조하라.

메리카의 고대 우주론체계는 모두 이러한 주제에 대해 일반적인 동일한 결과를 낳았다.[11] 히브리 성서 속의 엘로히스트(Elohistic)[12] 요소에도 이와 유사한 점이 나타난다.

이러한 생물학적 사고 속에는 배후에 모호하게 (매시간 대중의 노동생활을 결정하는) 물질적 인과관계에 대한 암묵적 인식이 존재한다. 그러나 대중의 노동과 그 생산물 사이의 인과관계를 모호하게 취급하여 포괄적인 일반 원리로 구성하지 못했다. 그 인과관계는 사소한 것으로 여겨 간과된다는 것은 두말할 나위도 없다. 높은 수준의 일반화는 현재 생활양식의 광범위한 특징에서 구체적인 모습을 드러낸다. 지식 체계를 작동하게 하는 지배적인 사유습관은 좀 더 인상적인 일상적 사건들에 의해, 즉 사회를 유지하는 제도적 구조에 의해 조성된 사유습관이다. 혈연관계와 혈통, 씨족 차별이 여전히 지배적인 제도로 자리 잡고 있으면 지식의 규준은 동일한 특색을 띠게 된다.

현재의 문화양식이 산발적으로 약탈적인 생활을 하는 평화로운 사회에서, 지배와 예속, 특권 및 명예 차별화, 강제와 인격적 종속 등을 수반하는 상습적인 약탈적 생활양식으로 전환함에 따라, 지식 체계도 그와 유사하게 변화한다. 현재의

---

11 Tylor, *Primitive Culture*, chap. 8을 참조하라.
12 엘로히스트: 엘로힘을 믿는 사람들. 엘로힘(Elohim)은 구약성서에 나오는 야훼, 여호와와 더불어 하나님의 호칭-옮긴이.

논점에서 보면, 약탈적 문화 또는 고도의 야만 문화의 특이성은 강화된 실용주의의 지배하에 있다는 점에 있다. 이러한 문화 단계에서 각 제도들은 인습적으로 폭력과 협잡이 일상화되어 있다. 여기서 생활은 지배와 예속 관계하에서 진행되고 있는 행동의 편의성과 관련된다.

일상생활에서는 개인의 힘, 이점, 우월, 권위에 의해 사람들이 구별된다. 이 같은 위엄의 서열 및 예속 체계에 현명하게 적응하느냐 여부에 따라 생사 문제가 결정되고, 그것을 궁극적이고 결정적인 기준으로 사고하도록 가르친다. 지식 체계는 그 동기가 무심하거나 무익하더라도 그와 유사한 기준을 따르게 된다. 왜냐하면 그것이 일상생활에서 강요하는 사유 양식이며 사람들을 구별하는 기준이기 때문이다.[13]

과거에는 우주 자연의 법칙을 권위있는 법령이나 상징적 힘으로 설명했다

중세시대 같은 문화시대의 이론적 결과도 일반적으로 극화(劇化) 형태를 취하고 있다. 그러나 그 시대에는 극적 이론의 가정 그리고 이론적 타당성을 검증하는 방식은 엄격한 예속

---

13 James, *Psychology,* chap. 9, 특히 sec. 5를 참조하라.

체계가 그 분야를 차지하기 전과 더 이상 동일하지 않다. 무익한 호기심을 유도하는 규범은 더 이상 세대, 혈연관계, 가정생활 등에 기초한 규준이 아니라 위엄, 서열, 신빙성, 종속 등에 기초한 규준이다. 높은 수준의 일반화는 새로운 특징을 가지고 있으면서도 많은 경우 공식적으로 낡은 항목을 폐기하지 않는다.

이러한 수준 높은 야만인들의 우주론은 행위자들 및 각종 요소들의 봉건적 위계에 기초하여 구축되고, 여러 현상들 간의 인과관계는 사람들의 공감을 불러일으키는 마법 의례에 의해 물활론적으로 구성된다. 또한 우주 자연 속에서 발견되는 법칙은 권위 있는 법령을 통해서 찾아내고자 한다. 신(또는 신들)이 사실들에 대해 더 이상 영주로서도 종주권자로서도 관계를 가지지 않는다. 자연법칙은 전능한 신이 자신의 위신을 유지하기 위해 우주 자연을 독단적으로 지배한 데 따른 부수적 결과이다. 그러한 정신적 환경 속에서 배태된 과학은 연금술과 점성술 같은 부류로 대표되는데, 이런 과학은 어떤 물체의 고결함과 우월함 그리고 그 명칭이 가진 상징적 힘을 가지고 어떤 일이 발생했는지를 설명하려 한다.

스콜라철학자들이 생활하고 활동하는 문화양식은 시종일관 실용적인 성격을 띠고 있기에 그들이 내놓은 이론적 결과는 반드시 강하게 실용주의 색채를 띨 수밖에 없다. 그리하여 사물과 관련된 현재의 개념들은 편의성, 개인의 힘, 공훈, 관례적인 권위 등에서 도출된다. 그리고 그러한 지식은 당장 실용적인 목적으로 사용되지 않더라도 일련의 개념들은 사실들의 상호관계를 밝히기 위해 습관적으로 사용된다. 그와 동시에 학문적 연구 및 고찰의 상당 부분은 세속적인 법률과 관습 아래서 생명철학의 형태를 취하든 독재적인 하느님의 율법 아래서 구원 원리의 형태를 취하든 편의적인 행동 규칙을 수립할 목적으로 수행되었다. "모든 지식은 실용적이다"라는 격언을 순진하게 이해하면, 예전의 지식 체계나 나중의 지식 체계보다는 스콜라철학의 지적 산물에서 더 만족스러운 증거를 찾아야 할 것이다.

근대에 도래하면서부터 무익한 호기심의 지도 아래서 수행된 탐구의 성격도 변화하기 시작했다. 이때부터 그러한 탐구는 과학적 정신(the scientific spirit)이라 불리게 되었다. 이러한 변화는 각종 제도와 생활습관에서 일어난 변화, 특히 근대시대에 접어들면서 산업 및 사회의 경제조직에서 일어난 변화와 서로 밀접하게 연관된다. 새로운 시대 특유의 지적 관심과 가르침은 스콜라시대의 지적 관심과 가르침보다 (때때로 우리가 그 용어를 이해하는 바처럼) 덜 '실용적'이라고 말하는 것이 적절한지는 의문의 여지가 있다. 그러나 그러한 지적 관심과 가르침은 상이한 문화적 및 산업적 상황에 좌우되기 때문에 그것은 종류가 서로 다르다.[14]

산업발달로 제도와 생활습관의 변화와 함께 과학적 탐구방법과 정신이 등장하다

새로운 시대의 실제 생활에서는 공인된 신분 및 차별적 위엄 관념이 점점 약화되고 있으며, 새로운 과학에서는 우선적인 실재 및 공인된 전통 개념도 마찬가지로 중요하게 고려하지 않는다. 또한 외부 세계에서 작용하는 요인들은 비록 인격화되어 있긴 하나 물활론적으로 고려하지 않는다. 그럼에도 그 요인들은 적어도 각종 현상들의 결과를 극적으로 해석하는 데는 필요한 정도만큼만 우세한 영향력을 발휘한다.

산업 영역에서 변화가 일어나면서 과학적 탐구의 방법 및 정신에 심대한 결과를 낳았고 이어 문화적 상황의 변화를 초래했다. 근대 초기의 산업은 봉건적 신분 체제의 산업에 비해 매우 우월하다. 초기 시대에는 문화적 특징이 공적과 충성심에 있었다면 근대의 문화적 특징은 산업에 있다. 근대 초기의 산업은 확실히 제작능력과 연관되어 있다. 아무리 같은 것이

---

14 현재 사용되고 있는 '실용적'이라는 용어는 행위자가 차별적인 이점을 가지고 하는 행동, 즉 편의적인 수단을 가지고 하는 행동 그리고 제품을 생산하는 데 행위자에게 유리할 수도 있고 그렇지 않을 수도 있는 제작능력 모두를 포함하기 위해 고안된 것이다. 그 용어를 후자의 의미로 사용하게 되면, 중세시대의 문화도 현대의 문화 못지않게 '실용적'이다. 여기서는 그 용어를 전자의 의미로 사용하고자 한다.

라도 이전의 정도와 이후의 정도는 같지 않다. 당시의 문화적 상황에서는 전문화된 숙련노동자가 중심적인 인물이었다. 그리하여 과학자의 개념들은 노동자의 이미지에 맞춰서 도출되었다. 당시에는 무익한 호기심의 자극 아래서 완성된 외부 현상의 결과를 극화할 때는 노동자를 그 본보기로 삼았다.

수준 높은 고찰과 연구도 이전에는 제작능력은 차별적 위엄에 근거했는데 이제는 점차 권위 있는 과학적 진리에 근거하게 되었다. 달리 말하면, 인과 법칙이 변증법적 논리와 공인된 전통보다 더 중요한 근거가 되었다. 그러나 근대 초기의 인과 법칙 — 유효한 원인을 중시하는 법칙 — 은 의인화의 일종이다. "같은 원인은 같은 결과를 낳는다"는 말은 숙련된 노동자의 생산물은 노동자와 같다는 말이나 다름없다. 같은 식으로 말하면, "결과가 원인 속에 포함되어 있지 않으면 그 결과 속에는 아무것도 들어있지 않다."

물론 이 격언들은 현대 과학보다 훨씬 오래 된 것이긴 하지만, 근대과학의 초기부터 아무런 제지 없이 세력을 떨치며 높은 수준의 변증법적 타당성의 근거를 한쪽 구석으로 밀어내기 시작했다. 이 격언들은 심지어 가장 심오한 최고의 학문 분야 속으로도 침투해 들어갔으며, 근대 초기에서 근대 후기 — 18세기 — 로 넘어갔을 때도 신학자들은 그 격언들에 근거하여 협의하였고 결과를 결정했다. 중세시대에 신은 종주권자의 지위에 있으면서 자신의 위엄을 유지하는 데 주로 관심을 가졌다.

 근대에 들어서면서 신은 인간에게 유용한 물건을 만드는 숙련된 직업에 종사하는 창작자의 지위로 전락한다. 신은 더 이상 우주 자연의 창조주로서 인간과 관계하는 것이 아니라 (수준이 낮은 야만인 문화에서처럼) 다양한 재능을 가진 기계공으로서 인간과 관계한다. 이 시대의 과학자들이 존중하는 '자연법칙'도 더 이상 초자연적 입법자가 제정한 법령이 아니라 수세공이 작업을 수행하도록 안내하는 (수석 장인이 설계한) 작업 명세서에 기재된 세부 조항에 불과하다.

 18세기 과학에서는 자연법칙은 원인-결과 연쇄관계를 명시해놓은 법칙이며, 작동하는 원인들의 활동을 극화하여 해석해놓은 것으로 원인들을 의사 인격적으로 이해한다. 근대 후기에 들어서면서 인과관계는 점점 비인격적으로 정식화되고 또한 더욱 객관적으로 해석하며 더욱 사실에 입각하게 된다. 그러나 활동(activity)을 관찰된 대상으로 돌려버리는 일은 결코 중단되지 않고, 최근에조차 과학적 연구를 성숙하게 정식화할 때도 극화 기조는 완전히 사라지지 않고 있다. 과학은 작동하는 원인들을 비인격적으로 이해하고 있지만, 지금까지 어떤 과학도 비활성 등급만으로 이론적 업적을 평가하는 데 만족하지 않았다(다만 표면적으로 수학은 예외이다).

 활동은 과학이 다루는 현상으로 계속 전가되고 있다. 물론 활동은 관찰 사실이 아니며, 그것은 관찰자에 의해 [과학이 다루는] 현상으로 돌려진다.[15] 물론 과학적 이론을 순수하게 수학적으로 정식화하는 것을 고집하는 사람들은 이를 부인하겠지만, 계속 그렇게 부인하면 일관성을 희생시켜야 한다. 무색무취한 수학적 정식화를 옹호하는 유명한 권위자들은 실제로 과학적 탐구 작업을 수행할 때는 반드시 (본질적으로 형이상학적인) 인과관계 개념에 의지하게 된다.[16]

기술 발달로 자연현상의 해석은 의인화를 벗어나게 되었다

19세기에 기계 기술이 크게 발전하고 문화에 광범위한 영향을 미치는 바람에, 과학은 사실에 기초한 비인격적인 방향

---

15 인식론적으로 말하면, 활동을 [과학이 다루는] 현상으로 전가하는 것은 그 현상들을 극화하여 일관성을 가진 체계로 조직하기 위해서다.
16 이와 관련해서는 Karl Pearson, *Grammar of Science*를 참조하라. 그리고 칼 피어슨(Karl Pearson)*이 자신의 설명에서 제시한 불활성(비활성) 개념을 위의 저작 9, 10, 12장에 나타난 자신의 실제 작업, 특히 그가 자신이 저서 『죽음의 기회(*The Chances of Death*)』에서 '모권'(Mother Right)과 관련된 주제에 대해 논의한 것과 비교하라.
 * 칼 피어슨(Karl Pearson, 1857~1936): 영국의 수리통계학자·우생학자. 인류의 유전에 관한 통계적 분석, 두개(頭蓋)의 계측(計測), 결핵의 통계 등으로 유명하다. 피어슨파 수리통계학의 창시자, 생물통계학의 선구자이며 과학비평가로서도 유명하다 – 옮긴이.

으로 또 다른 진전을 이루었다. 기계 과정은 노동자를, 과학 연구자들에 의해 고안된 인과관계 이미지의 전형으로 바꾸어 놓았다. 따라서 자연 현상에 대한 극적 해석은 의인화를 벗어나게 되었다.

그러한 극적 해석은 더 이상 (숙련공이 가공품을 생산할 때처럼) 주어진 결과를 낳기 위해 일하는 원인(a cause)의 생활사를 구성하지 않고, 원인과 결과를 구별하는 과정(a process)의 생활사를 구성한다. 그 극적 해석은 항목별로 구별되어 관찰되지는 않으나 인과관계가 누적적으로 변화하며 연속된다.

세속적인 지혜는 실용적으로 정식화되고 있는데 요즘 과학자들의 이론은 매우 이해하기 힘들고 비인격적이며 사실에 기초하고 있다. 하지만 그 이론들은 미개인 신화 작가의 극적 관념에 구속되어 있음을 보여주고 있다.

과학자의 관점에서 볼 때 과학적 탐구의 목표와 정신에 관한 한, 기계가 설정한 연구에 입각하여 습득한 대부분의 지식이 실제적인 설명으로 바뀌는 경우는 전적으로 우연적이거나 비현실적이다. 이러한 대부분의 지식은 자연적 힘이 개입하는 과정에 적용할 때 형성되고 또 그렇게 해야 유용하다. 이처럼 과학적 지식을 유용한 목적을 위해 사용하는 것은 기술이다. 넓은 의미의 기술에는 고유한 의미의 기계제 산업 외에도 공학, 농학, 의술, 위생 시설, 경제개혁 등의 분야가 포함된다. 과학적 이론을 이러한 실용적인 목적에 적용하는 이유는 그러한 목적이 과학적 연구의 범위에 포함되어서도 아니고 과학자의 관심사도 아니기 때문이다.

과학자는 기술 개량을 목표로 하지도 않으며 또 그렇게 할 수도 없다. 과학자의 연구는 푸에블로족(Pueblo)[17] 신화 작가의 연구만큼이나 '무익하다.' 그러나 과학자의 연구를 안내하는 타당성의 규준은 그 요건에 익숙하도록 근대 기술이 강요하는 규준이다. 따라서 과학자의 연구 결과는 기술적 목적에 유용하다. 과학자의 타당성 규준은 문화적 상황이 그에게 부과한 것이다. 그 규준은 그 과학자가 살고 있는 사회의 현재 생활양식이 그에게 부과한 사유습관이다. 현대 상황에서 그러한 생활양식은 주로 기계에 의해 부과된 것이다. 현대 문화에서 인류가 성취한 산업, 산업과정, 산업생산물은 인간의 창의력에 의한 창조물들이 문화양식에서 지배적인 위치를 차지하기 전에는 점진적으로 서서히 획득했다.

이제는 그러한 것들이 사람들의 일상생활과 사유습관을 형성하는 주된 요인이 되었다고 해도 지나친 말이 아니다. 그리하여 사람들은 기술과정의 작동을 기준으로 사고하는 법을 습득하게 되었다. 이러한 사실은 이 방면에 유달리 감수성이 강한 탓에 과학적 연구를 구성하는 사실에 입각한 사유습

---

17 푸에블로족: 미국 뉴멕시코주, 애리조나주, 텍사스주에 부락을 이루어 사는 아메리카 원주민 부족-옮긴이.

관에 중독된 사람의 경우 특히 그러하다.

  현대 기술은 동일한 범주의 개념들을 사용하고, 동일한 기준으로 사고를 하며, 근대과학과 동일하게 타당성을 검증한다. 두 경우 모두 표준화, 타당성, 최종성을 판단할 때는 인간 본성 또는 초자연적 행위자를 기준으로 하지 않고 항상 비인격적 인과관계를 기준으로 한다. 그리하여 그 둘 사이에는 순조로운 협력관계가 형성된다. 과학과 기술은 상호 이익을 추구한다.

3부 전쟁과 평화

VII. 사보타주
VIII. 볼셰비즘은 누구에게 위협이 되는가?
IX. 볼셰비즘을 택할 것인가 아니면 전쟁을 택할 것인가

VII. 사보타주

'사보타주'(sabotage)는 프랑스 말로 나무로 만든 신을 뜻하는 'sabot'라는 단어에서 유래되었다. 'sabot'는 신발을 신을 때처럼 느릿느릿 굼뜬 동작으로 천천히 걸어가는 모습을 의미한다. 그래서 이 단어는 태업, 능률 저하, 어설픈 행동, 작업 방해 등을 의미하는 용어로 사용되었다. 미국에서는 이 단어를 자주 매우 강력한 작업 방해, 파괴적인 전술, 산업활동의 위협, 고성능 폭약 등을 의미하는 것으로 사용하고 있다. 하지만 그러한 표현이 분명 사보타주에 대한 가장 우선적인 의미 그리고 사보타주의 통상적인 의미는 아니다.

또한 임금인상이나 근로조건 개선을 요구하는 수단으로 사보타주에 의지할 것을 주장하는 사람들 사이에서도 그 단어를 그러한 통상적인 의미로 사용하지 않는다. 그 단어의 통상적인 의미는 근래에 세계산업노동자연맹(IWW)[1]에서 사용하고 있는 '의도적인 능률 축소' 같은 표현에서 잘 나타나고 있다. 하지만 이러한 표현이 모든 기술적(technical) 용어를 포괄하는 것은 아니다.

미국에서는 사보타주라는 단어에 종종 폭력과 무질서 같은 악의적인 의미가 따라붙는데, 이는 미국의 용법은 주로 조직 노동자들이 사보타주를 사용하는 데 대해 불만을 가지고 사보타주의 부정적인 측면을 강조하는 사람들과 신문들에 의해 형성되었기 때문이다. 따라서 미국에서는 사보타주를 불미스러운 것으로 표현한다. 그리하여 그 단어를 서로 이해하는 수단이 아니라 비난하는 수단으로 만들어 그 단어의 유용성을 축소하고 있다. 불만을 품은 노동자들에게는 폭력에 의한 작업 방해가 사보타주 전략의 주요한 수단으로 자리를 잡았을 뿐만 아니라 경쟁 기업들 사이에서도 그와 유사한 전술이 기업활동에서 일정한 부분을 차지했다.

폭력에 의한 작업 방해가 비록 가장 유용하고 가장 효과적인 방법은 아니지만 사보타주의 주된 방법으로 자리 잡았다. 그러나 폭력에 의한 작업 방해는 그 자체로 대단히 사람들의 주목을 끄는 스펙터클하고 충격적인 방법이다. 하지만 그러한 계획적인 폭력은 전문 실천가들이 합법적 사보타주라고

---

1 세계산업노동자연맹(IWW: Industrial Workers of the World): 미국 시카고에 본부를 둔 무정부생디칼리슴 성향의 노동조합으로 기원은 불분명하다-옮긴이.

인정하는 고의적인 꾀병부리기, 작업 방해, 엉뚱한 작업 지시에 비하면 비교적 보잘것없는 방법이라 할 수 있다.

기업가와 노동자 모두의 용어 사보타주

사보타주라는 단어는 처음에는 프랑스의 조직 노동자들 — 노동조합 조합원(syndicats) — 이 구사하는 수동적인 저항의 전술을 일컫기 위해 사용되었다. 이후로 그 단어는 생디칼리스트로 알려진 프랑스 노동자들 그리고 이들과 뜻을 같이하는 다른 나라 노동자들의 전략을 지칭할 때 사용되었다. 그러나 생디칼리스트[2]들의 전술과 그들이 사용하는 사보타주는, 세부적인 면을 제외하면, 다른 나라 노동자의 전술이나 임금 및 가격에 관련하여 피고용자와 고용주가 때때로 습관적으로 사용하는 알력, 방해, 지연 등 유사한 전술과 그리 다르지 않다.

---

[2] 생디칼리슴(syndicalism): 19~20세기 초 프랑스 조직 노동자들에 의한 노동조합주의의 하나로 생디카를 유일한 노동자 조직이라고 생각하고 의회의 역할을 부정하며 노동조합을 혁명의 주체로 하여 총파업을 통해 노동조합이 생산의 관리권을 장악하여 착취 없는 자유로운 사회를 이룩할 수 있다고 주장하였다-옮긴이.

그리하여 지난 4반세기[3] 동안 그 단어는 일상 언어에서는 불가피하게 통상적인 의미로 사용되었으며, (노동자들은 자신들의 주장을 하기 위해 사용하고 고용주들은 피고용자들을 억압하기 위해 사용했으며 또 서로 경쟁하는 회사들이 경쟁회사보다 더 많은 이익을 얻기 위해서 또는 자신의 이익을 지키기 위해 사용하는 등) 작업 지연, 방해, 알력, 타파 등 온건한 행동과 은밀한 행동 모두를 포함함으로써 그 의미가 확대되었다.

이리하여 작업을 제한, 지연, 방해하는 행동이 기업의 통상적인 활동에서 큰 비중을 차지하게 되었다. 그러나 이러한 통상적인 기업 전략을 생디칼리스트들의 통상적인 전술과 사실상 동일한 성질을 가진 것으로 인식하기 시작한 것은 최근의 일이다. 그래서 지난 몇 년 전까지만 해도 고용주들과 회사가 사보타주를 사용할 때 이러한 행동을 사보타주라고 말하는 것은 예사로운 일이 아니었다. 그러나 이와 같이 작업을 지연, 제한, 방해하는 전략은 모두 명백히 동일한 성질을 가지므로 그것은 기업가들이 사용하든 노동자들이 사용하든 편의상 동일한 명칭으로 불러야 한다.

그래서 이제는 고용주와 신문이 자연스럽게 '생디칼리스트

---

[3] 4반세기: 대략 남북전쟁(1860~61) 이후부터 베블런이 이 글을 쓸 때쯤 직전 미서전쟁(1898)이 일어난 19세기 말에서 20세기 초까지를 말한다. 이때 미국자본주의는 각종 트러스트 결성으로 그야말로 약육강식의 약탈적 자본주의의 전형을 보여주고 있다 - 옮긴이.

의 사보타주'라고 말하고 있듯이 노동자들이 '자본가의 사보타주'라고 말하더라도 더 이상 생소하게 들리지 않는다. 지금 그 단어를 곳곳에서 합법적으로 사용하는 데서 보듯이 그 단어는 누가 사용하더라도 산업 전략 또는 산업 경영의 한 방법을 지칭한다. 그 단어는 온건하게 또는 은밀하게 작업을 제한, 지연, 철회, 방해하는 수단을 일컫는다.

사보타주는 일반적으로 법률의 테두리 안에서, 일반적으로 법률 정신보다는 법조문 내에 작동하는 경우가 많다. 사보타주는 대개 기업 운영에서 특수 이익이나 특혜를 보호하기 위해 사용된다. 사보타주는 대체로 기득권을 보호하는 경향이 있다. 그래서 당사자 중 한쪽이 자신의 기득권을 유지하기 위해 자신의 수입 또는 특권 등과 관련된 특혜나 특수 이익을 안전하게 보호하려 하거나 상대방을 약화시켜 그들의 특혜나 특수 이익을 위축시키려 한다. 노동자들은 노동조건 개선, 임금 인상, 노동시간 단축을 추구하고 일상생활 수준의 향상을 위해 사보타주에 의지해 왔다. 노동자들은 이 모든 것들과 관련된 일종의 기득권을 요구해 왔다.

모든 파업은 당연히 사보타주 성격을 띠고 있으며, 파업은 사보타주의 대표적인 형태이다. 지금까지 파업을 사보타주라고 말하지 않았던 것은 단지 사보타주라는 단어를 사용하기 전에는 파업이라는 단어를 보편적으로 사용했기 때문이다. 물론 공장 폐쇄도 사보타주의 또 하나의 대표적인 형태이다. 고용주가 종업원들에 대항하기 위한 수단으로 공장 폐쇄를 단행하는 것 또한 작업의 지연, 저하, 실패, 방해를 통해 기득권을 옹호하기 위한 수단이라는 사실을 바꾸어놓지는 않는다. 공장 폐쇄는 일반적으로 사보타주라 부르지 않는데 이는 파업을 사보타주라 부르지 않는 것과 같은 이유에서다. 파업과 공장 폐쇄는 항상 동일한 성격을 가지고 있는 것으로 간주한다.

이 모든 것들을 볼 때, 파업이나 공장 폐쇄를 상습적으로 사용한다고 해서 그것이 불미스러운 또는 부도덕한 것은 아니다. 파업이나 공장 폐쇄는 현행 체제하에서는 산업의 통상적인 활동의 일부이며, 또 반드시 필요한 활동이다. 현행 체계가 변화하지 않고 그대로 유지되는 한, 이러한 수단들은 산업 활동에서 필수적이며 정당한 부분이다. 이 때문에 산업공장과 노동자들이 정상적으로 가동하더라도 상당 기간 동안 합당한 수익이 나올 만큼 가격을 유지하기가 어렵다.

시장에서 높은 수익을 계속 유지하기 위해서 기업은 반드시 생산량과 생산 비율을 통제할 수 있어야 하며, 기업가가 산업을 소유하고 관리하는 사회가 번영하기 위해서는 높은 수익이 나오는 시장의 존재가 가장 우선적이고 필수적이다. 산업 생산고를 조절하는 데 필요한 방법과 수단은 항상 반드시 사보타주 — 공장과 노동자의 지연, 제한, 철수, 실업 등과 같은 방법 — 성격을 띠게 된다. 이 때문에 생산은 항상 생산

능력에 미치지 못하게 된다.

생산량 조절도 일종의 사보타주

새로운 질서 즉 기계제 산업의 생산성은 실로 엄청나게 높다. 그래서 생산량과 생산 비율을 현재의 운송 능력이 감당할 수 있는 수준에 맞게 조절해야 한다. 즉 한 나라의 산업체계를 운영하는 기업가에게 최대의 순이익이 나오도록 가격 수준을 조절해야 한다. 그렇게 하지 않으면, '과잉생산'(over-production)으로 인해 기업 불황이 초래되어 결국에는 총체적인 고난기를 맞이하게 된다. 과잉생산은 시장에서 충분한 수익이 나오는 가격 이상으로 많은 양을 생산하는 것을 의미한다. 그래서 한 나라의 지속적인 번영은 그 나라의 산업 생산물에 대한 통제권을 가진 기업가가 어떻게 '의도적으로 능률을 축소하느냐'에 달려있다. 물론 기업가는 이익을 획득하려면 생산량을 조절하여 항상 높은 수익이 나오도록 가격을 조정해야 한다.

투자와 기업 활동이 자유롭게 이루어지고 가격체계에 기초하여 조직된 사회는 전체적으로 또는 부분적으로 가용 산업 시설과 노동자의 상습적인 유휴 상태가 없어서는 안 되는 필수적인 조건이다. 그렇지 않으면 그 사회는 유지할 수가 없다. 즉 산업체계가 상당 시간 동안 완전하게 작동하지 않게 된다. 요컨대 그렇게 하지 않으면 기업은 침체 상태에 빠지고 결국에는 모든 부류의 사람들이 궁핍 상태에 직면하게 된다. 기업이 지속적으로 수익을 확보하려면 공장이 완전히 작동하는 것을 허용해서는 안 된다. 따라서 생산량과 생산 비율은 시장의 요구에 맞추어야지 가용 자원과 시설, 인력 등 작업 역량에 맞추어서는 안 되고, 또한 사회가 필요로 하는 소비재의 수요에 맞추어서도 안 된다.

그래서 유휴 공장과 실업 노동자를 항상 일정 정도 유지해야 한다. 생산량과 생산 비율은 산업체계의 생산 역량을 초과해서는 안 된다. 생산량과 생산 비율은 시장 조건이 요구하는 정도에 따라 최대 생산량을 약간 밑도는 수준으로 제한해야 한다. 즉 항상 유휴 공장 및 유휴 인력을 어느 정도 유지해야 하며, 그래서 가용 자원 중에서 일정한 양의 유휴 자원을 남겨두는 것이 현명한 방법이다. 즉 '의도적으로 능률을 축소하는 것'이 산업에 종사하는 모든 건전한 기업에게 지혜의 출발점이다.

이것은 모두 누구나 알고 있는 당연한 사실이다. 그래서 사람들은 이에 대해 장황하게 논의하는 것을 좋아하지 않는다. 또한 한 나라의 기업가들이 이루어놓은 가치 있는 업적들을 자세하게 논의하는 연구자들도 대체로 이 같은 방대한 사보타주 행동 — 의도적으로 능률을 축소하는 것 — 에 대해서 언급하는 것을 좋아하지 않는다. 사람들은 '의도적으로 능률을 축소하는' 보수적인 기업가들이 때때로 안전하고 건전한 고속도로를 벗어날 때 겪는 그리고 기업가들이 산업의 생산 능력을 증대시켜 생산량을 조절하려 노력할 때 겪는 예외적인 그리고 산발적으로 일어나는 스펙터클한 일화를 듣고 싶어 한다.

그러나 평소에 현대적인 기업 방식으로 산업을 운영할 때는 결국 그와 같이 작업을 제한, 지연, 방해하는 온건하고 은밀한 조치에 의지한다는 것은 너무 잘 알려져 있는 사실인데다가 지금까지 아주 많은 설명 또는 실례를 통해서 잘 입증되고 있으므로 이에 대해 더 이상 언급할 필요가 없다. 그러나 능률을 축소하는 범위와 그것이 기업에 미치는 효과를 설명하기 위해서는 지금 모든 문명국가가 기업을 위해 유례없는 규모로 또 지금까지 유례가 없을 정도로 노골적으로 사보타주를 실행하고 있다는 점을 상기할 필요가 있다. 참전국으로서든 중립국으로서든 전쟁을 겪은 모든 나라는 생활필수품이 부족하여 심각한 곤궁 상태에 처해 있다. 물론 이러한 곤궁 상태는 주로 보통 사람들이 겪는데 그들은 자신들을 곤궁 상태에 빠뜨린 전쟁의 비용까지도 부담하게 된다.

보통 사람들은 설사 전쟁에서 승리하더라도 생계 기반을 잃게 된다. 그래서 그들을 칭찬할 필요도 비난도 필요 없다. 그것은 있는 그대로 표현한 것이며, 사실에 입각한 객관적인 진술이다. 다만 사실에 대한 명료한 진술에 대해서는 일반적으로 약간의 단서가 요구되듯이 거기에도 약간의 단서가 필요하다. 전쟁을 겪은 모든 나라 사람들, 특히 전쟁을 겪은 나라의 대다수 인구에게는 일상적으로 사용할 수 있는, 즉 즉각적인 소비를 위해서도 사용할 수 있고 생산적 용도를 위해서도 곧바로 사용할 수 있는 모든 종류의 공급품이 절실히 필요하다.

많은 곳에서 불황이 엄습하여 생활을 하는 데 필수적인 음식, 의복, 쉼터, 연료가 부족하여 건강을 해칠 만큼 빈곤이 극에 달하고 있다. 이제 이런 나라에서는 모두 주요 산업이 퇴보하고 있으며, 산업의 능률도 갈수록 저하되고 있다. 또한 휴업상태에 있거나 절반만 가동하고 있는 산업 공장이 점점 늘어나고 있으며, 생산 능력은 갈수록 저하되고 있다. 노동자들은 점점 일자리를 잃고 있다. 군 복무를 마치고 제대한 노동자들은 늘어나고 있는데 일자리가 부족하여 실업상태에 있다. 또한 더 이상 군 복무가 필요가 없는 부대는 파국을 초래할 만큼 실업자 수가 급증할 것을 우려하여 산업이 그들을 수용할 수 있을 만큼 아주 서서히 해산하고 있다.

모든 사람들은 유휴 공장과 유휴 노동자들이 생산할 수 있는 온갖 종류의 상품과 서비스를 절실히 필요로 하고 있다. 그러나 기업의 편의 때문에 유휴 공장을 가동하여 유휴 노동자들에게 일을 시킬 수가 없다. 단지 기업가들에게 나오는 이윤이 불충분하기 때문이다. 요컨대 산업 생산량을 조절하는 기득권층에게 귀속되는 수입이 불충분하기 때문이다. 기업은 현재 사회의 소비에 필요한 만큼 상품을 생산할 수 없다. 왜냐하면, 기업이 투자한 금액 또는 자본화한 금액에 합당한 이윤을 낳는 가격으로 많은 양의 공급품을 팔 수 있을지 즉 더 많은 노동자를 고용하고 또 사회에 필요한 재화를 공급하기 위해 생산을 증가하면 산업에 대한 통제권을 가진 기득권층에 그에 합당한 수입을 증가시켜 줄지 의문이 들기 때문이다. 이때 합당한 이윤이란 실제로는 항상 최대로 획득할 수 있는 이윤을 의미한다.

생산량 조절은 기업이윤의 극대화를 위해서다

이 모든 것들은 단순하고 명쾌한 사실이다. 때문에 이러한 사실에 대해서는 굳이 명시적으로 진술할 필요가 없다. 한 나라의 산업을 운영하고 생산량을 조절하는 것은 기업가다. 기업가가 생산량을 조절하는 이유는 물론 기업의 요구를 충족하기 위해서다. 즉 기업이 그렇게 하는 이유는 이윤을 최대화하여 기업의 기득권을 위한 것이지 전쟁을 겪은 사람들 그리고 세계를 안전하게 지킨 사람들의 물리적 필요를 위해서가 아니다. 기업을 운영하는 기업가가 어쩌다가 일탈을 하여 기업이 활동하는 완전무결한 곧고 좁은 길을 벗어나 산업을 운영하는 데 사회가 부당하게 영향력을 행사하게 되면, 그 기업은 곧바로 신뢰를 잃고 파산에 직면하게 된다.

그런 경우에 기업가가 기업을 구제하기 위해 사용할 수 있는 유일한 방책은 의도적으로 능률을 축소하는 것이다. 이 모든 것은 상황의 성격, 즉 가격체계의 작동 방식에 달려있다. 기업가들은 그 가격체계의 피조물이자 대리인이다. 그들은 자유롭게 기업을 관리할 수 있는 위치에 있지 않다. 왜냐하면, 그들은 과거에는 주식회사 자금에 영향을 미치는 가격체계의 일상적인 요건을 갖추어야 했기에 고정 비용에 대한 수수료 부담이 너무 커서 기업의 수익이 현저하게 감소하게 되면 아무리 회사를 잘 관리하더라도 파산에 직면하기 때문이다.

전쟁과 종전(終戰)이 초래한 현재 국면의 상황은 이러한 전형적인 양상을 보이고 있다. 얼마 전까지만 해도 주식회사는 막대한 수입을 획득하여 그 막대한 수입(불로소득)을 자본화했다. 그렇게 자본화한 금액의 가치는 주식회사 자본에 추가되어 고정 소득-이자를 낳는 유가증권으로 전환되었다. 이 때문에 불로소득을 대표하는 소득 부담금은 주식회사 입장에서는 수입에 대한 채무가 된다. 따라서 회사의 순수입 총액이 조금이라도 줄어들면 이 채무를 갚을 수가 없다. 그래서 기업은 순수입을 최대화할 만큼 가격을 유지해야 한다. 그러한 가격을 유지하는 유일한 방법은 사회에 필수품을 공급하는 필수 주력산업의 능률을 신중하게 축소하는 것뿐이다.

  이러한 방법에 의해 기업은 곤경을 벗어날 수 있을 거라는 희망을 가지게 된다. 그러나 필수적인 산업을 기업 방식으로 운영하는 현재의 상황에서 유례가 없을 정도로 많은 사보타주를 사용하더라도 기업이 자본화 금액을 대폭 축소하지 않은 채로 또 결과적으로 부채를 상환하지 않은 채로 중대한 위기를 충분히 극복할 수 있는지는 여전히 의문이다. 그러나 전쟁의 고통을 이겨낸 사람들이 신체적 구원을 받은 것처럼 불로소득을 대표하는 주식회사 유가증권 소유자는 금전적 구원을 받을 것이라고 분명하게 확신하고 있다. 하지만 그런 구원의 통로를 통과하는 것은 낙타가 바늘구멍을 지나가는 것만큼이나 어렵다. 그 구원의 통로를 통과하려면 수익이 나지 않을 정도로 필수적인 산업의 생산을 축소해야만 한다.

  사치품 생산에 직접 관여하는 산업은 그렇게 절망적인 상황이 아니다. 그런데 불로소득으로 생활하는 금전적 여유가 있는 사람들조차도 완전히 안전하다고 느끼지 않는다. 사업을 순조롭게 운영하기 위해서는 수익이 나지 않을 정도의 가격을 감수하더라도 생활수단의 생산을 축소할 필요가 있다. 또한 그와 동시에 대중의 곤경이 인내할 수 있는 한계를 넘는 고통 속에서 혼란을 겪고 있을 때는 온갖 생활필수품에 대한 늘어나는 요구를 어느 정도 충족해야 한다.

  이러한 중대한 국면에서 사보타주를 조금이라도 유익하게

관리하는 현명한 기업가들은 내키지 않더라도 기득권층에게 귀속되는 불로소득을 축소하든가 아니면 대중의 억누를 수 없는 불만이 분출하여 폭발하게 두든가 어느 하나를 선택해야 하는 곤란한 상황에 직면하게 된다. 이 둘 중에서 어떤 선택을 하든 큰 재앙이 초래한다. 현재 많은 논자들이 그들은 옛적 습관에 따라 선택할 것이라고 지적하고 있다. 요컨대 그들은 기득권층의 이익을 위해 앞으로 일어날 것으로 예상되는 대중의 불만을 가능한 한 억눌러서 불로소득이 줄어들지 않도록 굳게 지키려 한다는 것이다.

  그렇게 하려면 그들은 법정과 군대의 도움을 받아 앞으로 일어날 대중의 불만을 억누르기 위해 합리적인 조건을 제시할 수도 있다. 어떤 경우든 그렇게 하는 것은 전혀 비정상적이거나 변칙적인 방법이 아니며 어쩌면 일시적 타협에 가장 신속하게 도달할 수 있는 가장 편리한 방법이 될 수도 있다. 따라서 그러한 방법에 대해 놀라거나 분노해서는 안 된다. 지난 몇 주 동안에 평소와 달리 여러 공업회사들이 엄청나게 많은 기관총을 사갔다고 한다. 기업은 공화국을 지키는 수호신이므로 자신을 보호하기 위해 필요한 조치를 취할 권리가 있다. 가격은 기업에게 본질적인 요소이지만 생계는 그렇지가 않다.

  전쟁과 잠정적 종전이 초래한 중대한 비상사태는 그 규모와 심각성을 제외하면 전혀 특이한 상황이 아니다. 실제로 그 상황은 지속적이면서도 은밀하게 진행되는 상황과 동일하며, 기업이 일상적인 업무를 하는 평상시와 다름없다. 다만 지금은 파멸 직전의 상황에 있다는 점에서 주목을 받는다. 아울러 그러한 상황은 "산업 생산에 종사하는 기존의 모든 기업에게는 의도적으로 능률을 축소하는 것이 지혜의 출발점이다"라는 일반적인 진술을 뒷받침한다. 그러나 기득권층은 어떤 시점에서 산업을 자신에게 유리하게 지연시킬 것인지에 항상 깊은 관심을 가진다. 그래서 개별 기업은 자신의 관할 구역 내에서 일어나는 특수한 사보타주에만 관심을 가지기 때문에 무분별하게 조정된 개별 기업의 노력에 산업을 맡겨서는 안 된다.

한 나라의 산업은 포괄적으로 서로 연결되어 있어서 개별 기업의 사보타주도 포괄적으로 계획을 수립하는 중앙 권력에 맡겨야 잘 관리할 수가 있다. 개별 기업은 산업체계의 활동에 대한 통제가 필요할 때 필연적으로 각자 개별적으로 서로 다른 방향으로 작동하게 된다. 실제로 개별 기업들이 각자 서로 다른 방향으로 작동하면 반드시 성과가 무분별하게 할당되어 산뜻하고 명료한 결과로 수렴되지 않기 때문에 전체적으로 지연 사태가 발생한다. 개별 기업들은 서로 간에 어느 정도 공조가 이루어지더라도 그 자체로는 반복되는 붕괴나 침체로부터 기업계를 보존하고 기득권층의 이익에 부합하도록 국가를 운영하는 데 요구되는 포괄적인 사보타주를 충분히 균형 있게 유지할 수가 없다.

많은 문명국가들이 그런 것처럼 국가가 기업의 이익을 전반적으로 관리하는 업무를 맡는 경우에는 당연히 입법부와 행정부가 반드시 사보타주를 관리하는 일을 담당하게 된다. 이때 국가는 항상 기업 방법에 의해 그리고 기업 목적을 위해 산업을 운영해야 한다. 기업이 무절제하거나 불건전한 거래를 하면 국가는 벌칙을 가한다. 건전한 중상주의자들은 관세나 보조금을 통해서 국가의 산업체계를 형성하는 데 기여하는 여러 산업 및 무역 부문들 사이에 일정한 균형과 조화를 유지하는 것이 필요하고 적어도 편리하다고 주장한다. 이러한 조치를 취하도록 촉구하는 이유는 그 나라의 산업에 필요한 자원 즉 재료, 설비, 인력을 최대한으로 활용하기 위해서다. 그렇게 하지 않으면 산업의 능률이 저하되고 국가들 사이에 질투심을 증가하여 자원을 낭비적으로 사용하게 된다.

기득권층의 이익을 위해 국가가 하는 사보타주들

그러나 중상주의자들은 이러한 목적을 위해서라면, 즉 이 문명국가들의 정치가들은 기득권층의 이익을 보호하기 위해서라면 그러한 조치들을 취하는 것이 편리하다고 생각한다. 한 나라 안의 산업들 간에 균형과 조화를 유지하는 거의 유일한 그리고 주요한 방법은 이들 산업 분야 내에서 지나치게 불안정한 요소들이 발생하지 못하게 방지하거나 그런 요소가 발생하면 벌칙을 가하여 중요한 지점에서 활동하지 못하게 하는 것이다. 즉 그러한 요소들이 발생하는 것을 차단하는 것이 전체적으로도 부분적으로도 일반적이고 표준적인 방법이다.

물론 정부가 행사하는 대표적인 사보타주 조치가 보호관세이다. 보호관세는 국경 너머로부터 발생하는 경쟁을 막아줌으로써 기업에게 일정한 특수 이익을 보호해준다. 그것이 국경의 주요한 용도이다. 관세는 상품의 공급을 낮추어서 가격을 올리는 효과를 가진다. 한편 보호관세는 보호받은 무역 품목을 취급하는 당사자들이 만족할 만한 상당한 양의 배당금을 안겨주지만 그 대가는 대부분의 일반 민중들이 치르게 된다. 보호관세는 무역을 제한하는 전형적인 술책의 하나다. 보호관세는 그것으로부터 혜택을 받는 특수한 관계자들에게는 (절대적으로는 크지만) 상대적으로 적은 불로소득을 가져다주지만 일반 민중들이 치르는 대가는 상대적으로도 절대적으로도 매우 크다. 보호관세로 인해 혜택을 받는 특수한 관계자들이 가지는 것은 일단의 기득권과 무형의 자산이다.

그와 유사한 성격을 띠고 있는 것으로 온갖 종류의 소비세와 수입인지 규정을 들 수 있다. 그 규정들은 (비록 항상 그러한 목적을 위해 설계된 것은 아니지만) 사실상 사보타주 — 의도적인 능률 축소 — 의 성격을 띠고 있다. 알코올음료의 부분 또는 전면 금지 그리고 담배, 아편, 기타 유해치료제, 마약, 독극물, 폭발성 물질의 교역 규제 등이 그러한 예에 해당된다. 그와 동일한 성질을 가진 것으로 (비록 실제로는 의도적이지는 않지만) 인조버터 관련 법률을 들 수 있다. 또한 산업용 (변성) 알코올 생산을 할 때는 불필요하고 비용이 많이 들고 절차가 번거로운 검사를 받아야 하는 규정도 있는데, 이러한 규정은 내연기관에 사용되는 연료를 취급하는 특정 회사들에 적용할 때는 유익하다.

 그 외에도 우편 수송의 기득권을 가진 특송회사 및 여타 운송회사의 이익을 위해 소포 우편 사용을 제한하기 위해 세밀한 내용까지도 기재해야 하는 명세표를 아주 번거롭게 작성해야 하는 규정이 그러한 예에 해당한다.

 다른 측면과 관련된 것이긴 하지만 동일한 맥락에서 다음 같은 지적을 할 수도 있다. 즉 연방정부가 특송회사들을 인수하여 포괄적인 운송체계가 성립된 이래로 절차가 번거롭고 또한 심하게 지연되는 일이 속출하는 사례가 현실화되었다. 그리하여 연방정부의 우편제도를 관리하는 것에 불신하여 이전의 민간 통제로 회귀하기를 바라는 대중의 정서가 싹 트기 시작했다. 그와 유사한 상황에 있는 철도수송에서도 그와 동일한 정서를 보여주는 많은 증거가 있다. 이와 같이 사보타주는 행정 업무를 촉진하는 또는 방해하는 수단으로 유용하다.

물론 방금 말한 내용에는 이런 식으로 사보타주를 사용하는 것에서 잘못된 점을 찾으려는 의도가 있는 것은 아니다. 그것은 도덕이나 선의의 문제가 아니다. 국가의 일을 조정하기 위해 정부가 취한 그러한 조치가 억제하는 것이든 독려하는 것이든 사람들은 항상 그러한 조치에 대해 국가의 이익과 안전을 지키기 위한 현명한 수단이라고 생각하고 있다. 여기서 말할 수 있는 것은 이러한 현명한 억제 또는 촉진 조치들은 사보타주 성질을 가지고 있으며, 실제로 그러한 조치들은 비록 항상 그렇지는 않더라도 평소에 특정 기득권층 — 국가 자원을 소유하고 통제하는 기득권층들 — 에게 큰 혜택을 가져다준다는 것이다. 이러한 조치들이 매우 합법적이고 건전하다는 것은 두말할 필요도 없다. 사실 그것들은 어떤 경우에는 산업을 방해하기 위한 조치이긴 하지만, 때때로 기업을 운영하는 데 현명한 예방책이기도 하다.

 전쟁 기간 동안에는 해결해야 할 특별하고 긴급한 요구가 늘어난 탓에 사보타주 성격의 행정 조치들의 종류와 범위가 대폭 확대되었다. 이러한 새롭고 예외적인 긴급한 상황을 타개하는 주요 수단은 산업활동을 기피, 불허, 벌칙, 방해하는 등 갖가지 사보타주 방법을 이용하여 정부의 목적에 부합하지 않는 업무에 대해 의도적으로 능률을 축소하는 것이었다. 불확실하고 위험한 상황에서는 민간기업도 많은 경우 그렇게 하고 있으며, 지금같이 수요가 부족하고 불편한 제약들이 많은 상황에서는 정부도 역시 그렇게 하고 있다. 정부는 비(非)필수 산업에서처럼 일상생활에서도 그와 같이 불허 또는 방해하는 조치를 강력하게 실행했다.

뉴스와 여러 정보를 수집하고 배포하는 기능을 하는 일반 시설과 기관들의 역량은 이미 과거에 전시에나 평화 회복기에 안전하게 운영할 때보다 훨씬 발달했다. 모든 종류의 공적 문제를 공개적으로 다루는 일반 기관의 경우도 마찬가지이다. 사람들의 주의가 느슨해지는 평온한 시기에는 일반 시설들의 역량이 많이 부족한데 그런 일반 시설들도 (모든 사람이 어떤 일이 일어나고 있는지 많은 관심을 가지고 알고 싶어 하는) 전쟁과 협상이 전개되는 불안한 시기에는 정부가 감당할 수 있는 수송량 이상으로 역량이 발달했다. 그 이후로 운송 및 통신 기술이 향상되어 정보와 여론의 전달수단이 발달하고 효율적으로 사용되었다. 그리하여 정부 산하의 기업들은 긴급한 시기에 수송역량을 완전하게 발휘할 수 있게 되었다.

우편서비스도 매우 효율적으로 발달하여 선별적으로 의도적으로 능률을 축소할 수 있게 되었다. 민간기업의 경우에는 영업권과 용익권 같은 기득권을 가진 정부에 이익이 되지 않는 우편시설은 사용을 불허하는 것이 가장 좋다.

이처럼 단호하게 불허하는 조치들은 한편으로는 광범위하게 주목을 받았지만 다른 한편으로는 많은 사람들이 의혹의 눈초리로 바라보았다. 그러나 그러한 조치들은 (외부인 — 공화국 시민 — 이 보기에는 이해할 수 없지만) 분명 건전한 성질과 의도를 가지고 있다. 정보와 여론을 무분별하게 전파하거나 외부인들이 관련 사실들을 너무 깊이 조사하면 정부의 업무 수행에 장애가 되고, 나아가 정부의 목표를 무산시킬 수도 있다.

이와 동일한 양상이 다른 곳과 다른 시대에도 발견되었다. 그래서 바람직하지 않은 정보와 의견에 대해 사보타주에 의지하는 것에 민감하게 경계하는 것은 전혀 새로운 것도 아니고 특별히 민주적이지도 않다. 동서양을 막론하고 거대 군주국의 원로 정치가들은 오랫동안 그와 유사한 상황을 승인했다. 그러나 왕조체제의 원로 정치가들은 정부와 일반 민중 사이에 정서를 명백하게 분할하여 정보의 전달을 방해하는 공작을 펼쳤다(선진 민주주의 공화국에는 그러한 정서의 분할이 존재하지 않는다). 전쟁기간 동안 독일제국[4]의 사례는 정부와 일반 민중 사이의 그러한 정서 분할이 존재했음을 보여주고, 또한 불신하는 측과 불신받는 측 사이의 정서 분할을 어떻게 무사히 처리했는지를 보여주고 있다. 독일 왕조가 자유롭게 활용한 사보타주 방법은 주로 검열 및 통신 금지 등이다. 좀 더 구체적으로 말하면 허위 정보를 정교하게 날조하여 배포

---

4 독일제국: 1871년 프로이센이 게르만 봉건제후 국가를 통일하며 빌헬름 1세가 황제를 선포한 일명 독일 제2제국을 말함. 독일 제2제국은 바이마르민주공화국이 설립되는 1918년까지 존속하였다-옮긴이.

하는 것이었다.

  대영제국 왕조의 정치인들이 실행한 그 같은 조치들은 문외한이 보더라도 쉽게 이해할 수 있다. 그런데 그 모든 것들을 미국 같은 선진 민주주의국가들에서는 어떻게 적용할 수 있는가? 이런 나라에서 정부는 시민의 냉철하고 충실한 대리인이자 대변자이다. 따라서 선진 민주주의국가에서는 관료와 기층 인구 사이에 어떠한 목표 및 정서의 분할도 있을 수 없다. 따라서 그 결과를 추측하는 것은 모두 모호하고 위험한 일이다. 그런데 민주주의공화국에서도, 특히 모든 민주주의공화국 중에서 가장 오염되지 않은 나라라고 많은 사람들이 인정하는 미국조차도 한때 다소 엄격한 검열이 이루어졌고, 일부 우편 시설을 금지하기도 했다. 그러나 사람들은 그 모든 것이 유용한 목표를 달성하는 데 어떤 식으로든 기여했다고 믿고 싶어 한다. 이 모든 것이 매우 까다로운 문제이다.

VIII. 볼셰비즘은 누구에게 위협이 되는가?*

'볼셰비즘'은 액면 그대로 해석하여 그것의 의미에 가장 가까운 영어 단어로 번역하면 '다수통치'(majority rule)를 의미한다. 또한 볼셰비즘에 상응하는 또 하나의 단어로 '인민정부'(popular government)를 들 수도 있고, 심지어 '민주주의'(democracy)를 들 수도 있다. 그러나 이 두 단어는 앞의 단어만큼 볼셰비즘의 원래 의미에 가깝다고 할 수 없으며 특히 미국에서 이해하는 '민주주의'의 의미와 비교할 경우 더욱 그러하다.

미국식 어법에서 '민주주의'는 정치조직의 특수한 형태를 의미하며 그 근원에 있는 경제조직과는 관련이 없다. 반면에

---

* 이 글은 *The Dial*, Vol. LXVI(February 22, 1919)에 수록되었다.

'볼셰비즘'은 기본적으로 정치적 의미로서보다는 경제조직의 한 형태로서 정치 분야에서는 부수적인 결과 — 대체로 부정적인 결과 — 로 나타난다.

그런데 어떤 단어가 그 의미를 두고 격심한 논쟁에 휘말려 그것을 둘러싸고 온갖 험악한 감정들이 격돌하게 되면 그 단어의 어원은 한편에서는 격찬의 열기 속에 빠지고 다른 한편에서는 비난의 열기 속에 묻혀 그 의미를 완전하게 파악할 수 없게 된다.

지금은 '볼셰비키'라는 단어가 러시아제국의 주요 잔당들을 진압하는 데 가담한 혁명적 분파를 지칭하는 것으로 사용되고 있는데 원래 그 단어는 1903년 러시아사회민주당[1] 총회에서 실시된 투표에서 다수를 차지한 러시아사회주의자들 중 특정 세력을 지칭하는 데서 유래되었다. 그 당시 이 단어를 사용하기 시작한 쪽은 사회주의 강령을 가장 철저하게 실천하는 러시아사회민주당 내 좌파 진영이었다. 이들은 자신들이 인류가 가장 소중하게 여기는 희망 또는 두려움의 짐을 지고

---

[1] 러시아 사회민주노동당(Российская социал-демократическая рабочая партия, 1898~1918): 러시아에서 최초로 마르크스주의를 선택한 혁명당이자 사회주의 정당. 1898년 3월 14일 민스크에서 개최된 노동자계급해방투쟁동맹 전(全) 러시아 대회에서 기초가 마련되고, 1903년의 브뤼셀, 런던의 사회민주노동당 제2회 대회에서 확립되었다 - 옮긴이.

있다고 생각한다. 이 명칭은 러시아 국경 너머 다른 곳에서는 각종 경계를 무너뜨려 기존의 경제질서와 정치질서의 근본 원리를 제거하고자 하는 과격분자를 지칭하는 데 사용되었다.

볼셰비즘은 위협을 수반한다. 오늘날 생각이 깊지 않은 사람은 볼셰비즘에 찬성하든 반대를 하든 자신의 과거 습관과 현재 상황이 지시하는 대로 행동을 한다. 별다른 재능이 없는 무관심한 구경꾼처럼 중간에 발을 디디고 서 있으면서 합리적인 지식을 가진 사람, 즉 완벽하게 균형이 잡힌 사람도 역시 마찬가지이다. 그러한 사람은 볼셰비즘은 위협을 수반한다는 사실을 인정할 수밖에 없다. 다만 그가 당파심이 강렬하지 않다면 "볼셰비즘은 누구에게 위협이 되는가?"라는 질문에 답변해야 한다.

볼셰비즘은 혁명적이다. 볼셰비즘의 목표는 민주주의와 다수 통치를 산업 영역으로 끌어들이는 것이다. 따라서 볼셰비즘은 기존 질서에 그리고 많은 재산을 가진 사람들에게 위협이 된다. 또한 볼셰비즘은 사유재산, 기업, 산업, 국가 및 교회, 법률과 도덕, 세계평화, 인류 전체에 위협이 된다. 아무리 마음가짐이 균형 잡힌 사람이라도 볼셰비즘 운동을 벗어나기는 매우 어렵다.

볼셰비즘 운동은 평등과 재건을 기본 원리로 삼고 있으며, 그 이론적 목표와 강령에 비추어 보면 여느 혁명 운동과 마찬가지로 우량하고 건전한 운동으로 간주할 수 있다. 그러나 지금까지 입수한 신뢰할 만한 증거에 비추어 현재 상황에서 볼셰비즘의 목표와 정책의 실제 결과를 유심히 살펴보면, 곳곳에서 분쟁, 궁핍, 학살이 광범하게 자행되고 있음을 알게 된다.

현재 러시아 영토 내에서 일어나고 있는 볼셰비즘 행동과 관련된 입수 가능한 증거를 보면 그것의 '단면'만 보여주고 있으며, 뿐만 아니라 그중 다수는 확실히 편향된 증언에 기초하고 있고 나머지도 대부분 악의적인 허위 증거이다. 그러나 모든 것이 진정되었다고 말하고 있지만, 여전히 무질서, 분쟁, 학살의 흔적이 곳곳에 남아 있다. 이러한 공포와 불안으로 휩싸인 불행한 사태 중 얼마나 많은 것들이 실제로 볼셰비즘에 의해 일어난 것인지, 구질서 옹호자들의 전술들에 의한 것인지 아니면 그 둘 중에 어느 쪽에 더 많은 책임이 있는지, 이 모든 것이 명확하게 드러나지 않고 있다.

볼셰비즘은 하나의 혁명적 운동이다. 따라서 볼셰비즘은 필연적으로 강력한 반대에 부딪힐 수밖에 없으며, 그러한 완강한 반대에 직면하면 폭력을 수반할 수밖에 없고 종국에는 다소간 불행한 결과를 낳게 된다.

1917년 봄에 일어난 러시아민주혁명[2]은 정치혁명이자 군사

---

2 러시아민주혁명: 1917년 러시아혁명의 제1단계(1917.3.8~12[구력 2.24~28])로 러시아 2월혁명이라고 불린다. 이 혁명으로 왕정이 타도되고 임시정부가 수립되었다. 러시아에 영속적인 의회민주주의 정치

혁명으로 수많은 경제적 조정을 수반했다. 여기서는 그 혁명의 공과에 대해 논하고자 하는 것은 아니다. 현재의 맥락에서 중요한 것은 그 혁명이 이후의 혁명[3] ― 1917년 11월 ― 의 근거를 마련했다는 것이다. 이후 혁명의 결과 소비에트 정치체제와 볼셰비키 독재가 형성되었다. 이 혁명은 한편으로는 각종 정치제도의 조정을 수반했지만 그 의도와 주요 효과 면에서 보면 경제혁명이었다.

그 혁명의 정치적 및 군사적 조치와 정책은 적어도 이론적으로는 전적으로 경제 프로그램을 수행하기 위한 잠정적인 그리고 보조적인 조치였다. 지난 7월에 개최된 러시아 전체 소비에트 정기총회에서 공표한 권리 선언과 헌법 조항을 눈여겨보면 이러한 점이 분명하게 드러난다. 그 회의에서 결정된 정치적 및 군사적 조치들은 단지 경제적 변화를 위한 정책을 수행하기 위해 취한 것이었다. 그 경제 정책은 기존의 재산권과 기업 제도를 완전히 폐지하는 것이다. 거기에는 적어도 차르 왕정 시절에 제정된 러시아 황제의 의무를 잠정적으로 폐지하는 것도 포함되어 있다.

체제를 창설하기 위한 과도단계로 설정되었던 임시정부는 같은 해 10월(신력 11월)에 볼셰비키에 의해 다시 타도되어(10월 혁명) 소비에트 공산주의 정부가 수립되었다 - 옮긴이.

3 볼셰비키가 1917년 10월 2월혁명으로 수립된 임시정부를 무너뜨리고 소비에트 공산주의 정부를 수립한 혁명을 말한다 - 옮긴이.

VIII. 볼셰비즘은 누구에게 위협이 되는가? 175

소비에트공화국 문서들에는 그러한 정책을 이행하기 위해 이후에 취한 조치들과 함께 "볼셰비즘은 누구에게 위협이 되는가"라는 질문에 대한 답변이 간결하게 제시되어 있다. 그 문서들은 기득권층과 일반 민중 사이의 경계선을 분명하게 긋고 있다. 볼셰비키 강령은 모든 기득권을 단호하고 포괄적으로 불허한다. 이것이 실제로 볼셰비즘이 목표로 삼고 있는 모든 것이다. 그러나 볼셰비즘의 높은 결의의 후속 조치들은 지금 진행되고 있는 흐름에 비추어 볼 때 처음 시작할 때보다 훨씬 어려움을 겪고 있는 것으로 보인다. 그러므로 볼셰비즘은 이해관계자들의 방해를 받지 않는다면 그 최초의 의도와 추구하는 목표는 기득권층에게는 위협이 되지만 그 외 다른 사람에게는 위협이 되지 않는다.

이 모든 것들을 보면 볼셰비키의 선언과 행동을 쉽게 이해할 수 있다. 그 선언과 행동들은 지난해 볼셰비키 러시아에서 일어난 소요 사태의 원인을 보여주기보다는 볼셰비즘운동의 주요 목적을 보여주고 있다. 그러나 볼셰비즘 체제에서 일어나고 있는 분쟁의 본질과 원래의 원인은 기득권층과 일반인 사이의 분열 및 적대에서 비롯되었으며 모든 분쟁은 결국 기득권층의 재산과 특권 때문이라는 사실을 명심하고 있어야 한다. 제정러시아 시절 입헌민주당(Cadets)[4]의 온건한 자유주의자들과 케렌스키(Kerensky)[5] 정부는 기득권층의 권리 및 특권의 폐지를 주장하는 사람들로 구성되었지만 실제로 그들은 기득권층의 소유권을 폐지하는 데 동의하지 않았다.

기득권층의 소유권 폐지와 볼셰비즘

이때를 전후로 유럽 강대국들은 러시아 사태에 관여하기 시작했다. 민주주의 또는 의사 민주주의 강대국들과 이들 나라의 민주주의 또는 의사 민주주의 정치인들은 러시아에서 계급 특권이 폐지되는 것에 유감을 표명하긴 했으나 크게 관심을 기울이지는 않았다. 지금은 매우 불안한 상황이어서 유럽 정치인들은 유럽 문제에 몰두하며 현상 유지를 추구하고

---

4 제정 러시아 말기에 1905년에 지방자치기구인 젬스트보를 주도한 자유주의 성향의 지주, 기업가, 지식인들이 결성한 부르주아정당—옮긴이.

5 케렌스키(Aleksandr Fyodorovich Kerensky, 1881~1970): 1917년 7월부터 10월까지 러시아 임시정부의 수반을 지냈다. 1905년경 사회주의 혁명당에 가입하여 혁명가들을 변론하는 변호사로 활동하고, 1912년 노동자단체 대표로 제4대 러시아 의회 의원으로 선출되고 온건좌파 정치인으로 점차 명성을 얻었다. 러시아 의회가 구성한 임시정부의 법무장관직과 상트페테르부르크 노동자·병사대표 소비에트의 부의장직을 겸임하며 양방 사이의 교섭 책임을 맡았고, 러시아 전역에 시민의 기본적 자유를 제도화하였다. 육군장관 겸 해군장관을 거쳐 총리로 선출되었으나 1917년 10월혁명 때 쫓겨나 미국으로 망명하였다—옮긴이.

있으며, 차르 이후의 체제에서 계급 특권과 계급 지배가 폐지되는 것에 반드시 불만을 품고 의심의 눈으로 바라볼 것이다.

그러한 것들은 모두 유럽 정치인들의 삶과 행동의 기반인 기득권 체계를 불안하게 한다. 그러나 특권은 성질상 무형이기에 더 큰 화를 입지 않으려면 자진해서 상당한 양의 무형 자산의 손실을 순순히 인정하는 것이 나을 것이다. 그러나 기득권으로서 소유권의 경우는 그렇지가 않다. 소유권은 의사민주주의를 유지하는 데 핵심적인 사실이며, 원로 정치인들은 그러한 소유권을 보존하기 위해 온 힘을 기울인다. '소유권의 폐지'는 원로 정치인들의 체제에는 그들이 소중하게 여기는 이익에 '심판의 날'이나 다름없다.

원로 정치인들이 소중하게 마음에 품고 있는 이익은 일차적으로 무역, 투자, 영토보전 등에 의한 이익이며, 그러한 무역, 투자, 영토보전 등과 관련된 이익의 그늘에 질서정연한 법률 및 관습 체계가 유지되고 기업이 번영한다. 명예를 중시하는 신사이자 자신들의 생활양식에 충실한 원로 정치인들은 러시아 볼셰비즘은 인류의 모든 이익에 위협이 된다고 말한다.

따라서 다른 나라에서는 법과 질서를 지키는 현명한 사람들 사이에서는 '볼셰비즘에 감염되는 것'에 대해 매우 불안해하는 정치적 두려움이 팽배해 있다. 그들은 볼셰비즘이 러시아 국경 너머로 접촉하고 소통하는 모든 나라에 곧바로 영향을 미칠까 봐 우려하고 있다. 특히 법과 질서를 아주 충실하게 준수하는 사람들은 모두 '볼셰비즘에 감염되는 것'을 두려워하고 있다. 그리하여 볼셰비즘에 감염되지 않도록 격리 조치를 하는 등 대비책을 고안하고 있다. 우리가 명심해야 할 사실은 정치가들은 다른 나라의 일반인까지도 볼셰비즘에 감염될까 봐 두려워한다는 것이다.

원로 정치인들은 비록 볼셰비즘에 심하게 노출되더라도 쉽게 감염되지 않으므로 심각하게 염려하지 않으며, 군인, 성직자, 지주, 기업가도 볼셰비즘에 쉽게 감염되지 않으므로 크게 염려하지 않는다. 실제로 기득권층과 부유층은 당연히 볼셰비즘에 강한 면역력을 가지고 있다고 간주되며, 이러한 가정(假定)은 타당하다고 인정을 받고 있다. 따라서 그러한 격리 조치는 잃을 기득권이 없는 사회계급을 안전하게 지키기 위해 고안된 것이다.

볼셰비즘이 각종 통신수단을 통해서 전파하는 것은 항상 이념 체계 또는 '원리'로서 볼셰비즘이다. 볼셰비즘은 이념, 즉 사유습관을 주입한다. 볼셰비즘이 곳곳에서 성공한 이유는 그것이 제안하는 새로운 이념의 질서가 아주 단순하고 주로 부정적인 성격을 띠고 있기 때문이다. 일반인이 볼셰비즘 이념 체계를 쉽게 받아들이게 된 것은 그것이 새로운 것을 많이 습득하도록 가르쳐서가 아니라 주로 과거의 낡은 것을 대부분 잊어버리도록 가르치기 때문이다.

볼셰비즘은 새로운 이념을 채택하도록 요구하거나 새로운 사유습관을 습득하도록 요구하지 않는다. 오히려 볼셰비즘은 기본적으로 과거의 낡은 관념, 낡은 습관적 신념에서 벗어나게 한다. 볼셰비즘이 제시한 새로운 질서 이념은 이전의 관념을 쉽게 대체했는데, 이는 곧 대체될 운명에 있는 낡은 습관적 신념은 더 이상 일반인의 삶을 좌우하는 물질적 환경의 지원을 받지 않았기 때문이다. 그리하여 결국 일반인의 사유습관은 볼셰비즘에 굴복하게 된다.

기계제 산업이 제공하는 훈련 그리고 기계적으로 조직된 사회에서 일상생활의 경험에 의해 강화된 훈련은 더 이상 관례적인 소유권, 계급 특권, 불로소득을 지원하지 않는다. 이러한 훈련은 일반인의 정신적 태도를 기존의 권리 체계의 의도와 다른 방향으로 향하게 하고, 충분한 자극이 가해지면 곧바로 기존의 권리 체계의 타당성을 부정하게 만든다. 그래서 보통 사람들은 자신과 별 관련이 없는 이 기득권 원리를 대신하는 대체물을 찾을 필요가 없다.

모든 분쟁은 사실 기업 활동에서 생겨나는 사유습관을 일관되게 지원하는 관례적인 권리를 유지, 보수하는 문제를 둘러싸고 전개된다. 문명국가들의 많은 활동 중에서 기업 활동이 항상 상당히 많은 부분을 차지하고 있다. 그런데 기업 활동은 평범한 사람들의 생활에서는 기본적인 요소가 아니며, 기업의 이익은 평범한 사람의 일상생활에 크게 영향을 미치는 주요한 관심사가 아니다.

　새로운 질서에서는 평범한 사람의 사유습관을 형성하는 데 주요한 역할을 하는 산업적 직업과 기업 활동 사이에는 고정된 넓은 간극이 있다. 기업 활동에 종사하며 평소에 소유권과 수입에 관심을 집중하는 기업가들은 구질서의 착실한 신봉자이다. 또한 위에서 언급했듯이, 기업가는 체제 전복을 꾀하는 선전이 아무리 교묘하더라도 그 선전에 대해 강한 면역력을 가지고 있다. 실제로, 사회가 전반적으로 곤경이 처하는 것은 각자가 평소에 가진 전망과 물질적 이익을 둘러싼 계급들의 분할에서 비롯된다.

　또한 체제 전복을 꾀하는 선전이 사회에 위협이 되는 것도 이 같은 계급 분할 때문이다. 분할된 두 계급은 각자의 신념에 기초하여 행동하기 때문에 두 계급 사이에는 서로 접촉할 중간 지대가 없다. 그리하여 "자신의 싸움이 정당하다고 생각하며 모두 철저하게 무장한다." 이 경우 서로 대결하는 두 계급은 자신의 대의가 정당하다고 확신하며, 그리하여 그들의 물질적 재산은 위태롭게 된다. 따라서 그들은 그 결과가 어떠하든 모두 무조건 무력에 의지하게 된다.

확고한 기반을 다진 볼셰비즘

 최초의 의도와 일관된 목표에서 볼 때 볼셰비즘은 기득권층의 재산권과 특권에 위협이 되고, 나머지 사항은 그 결과에 맡겨진다. 기득권층의 이익은 법적 및 도덕적 권리 내에 있다. 따라서 그들이 이러한 권리를 순순히 양보할 것으로 기대해서는 안 된다. 모든 계급, 파벌, 기득권층은 패배할 기색이 역력하면 극단적인 세력과 제휴하고, 무력 사용이 가능하다고 판단되면 스스럼없이 무력을 사용하며, 할 수 있다면 각종 음모, 사보타주 등도 마다하지 않았다.
 이 모든 것들은 보기에 따라 매우 타당한 것처럼 보인다. 왜냐하면, 기득권층의 지식과 신념에 따르면 이러한 기득권은 법적으로 그리고 도덕적으로 정당하기 때문이다. 그러나 기득권층의 반대, 음모, 방해 공작은 항상 분쟁, 무질서, 궁핍, 유혈 사태로 귀결되었으며, 앞으로의 전망도 불길한 조짐을 보이고 있다.
 외부로 공개가 허용된 보고서에 따르면, 이러한 대결의 직접적인 결과로 운송시스템과 식량 공급을 비롯해 러시아 영토 전체의 산업 시스템이 완전히 해체되고 붕괴되었다. 그로 인해 기근과 역병, 약탈이 억제할 수 없을 정도로 창궐했다. 그런데 그동안 간과해 온 중요한 사실이 있는데 그중 일부는 보고서로 출간을 앞두고 수정이 필요하여 공표되지 않았다.

이제 볼셰비키 정부는 1년 남짓 동안 운영되었는데 그 사이에는 한 해 농사 시즌이 포함되었다. 이 기간에, 특히 그 후반기에 볼셰비키 정부는 확고한 기반을 구축했다. 그 사이에 다소 능란하게 조직되고 외부로부터 적절한 지원을 받은 매우 강력한 저항 — 때로는 능동적인 때로는 수동적인 저항 — 에 부딪쳤음에도 불구하고 볼셰비키 정부는 확고한 기반을 닦았다. 그러는 사이에 볼셰비즘은 그 대의를 유지하며 곳곳으로 널리 '감염'되었다.

그동안 볼셰비키 정부는 군사작전을 수행하며 규모를 확장해 왔다. 전 기간, 특히 후반기에 무기와 군수품을 지속적으로 다소 적절하게 공급하고 있는 데서 보듯이, 볼셰비키 정부의 군사작전은 규모가 점점 더 커지고, 거듭해서 성공을 거두고 있다. 볼셰비키 정부는 이러한 무기와 군수품 공급을 외부로부터 별다른 지원을 받지 못해 많은 비용을 들여서 국내에서 군수품을 공급하고, 소모된 제품을 교체해야 했다. 물론 이 기간 동안 볼셰비키 정부는 독일로부터 많은 자금과 물자를 지원받은 것으로 알려져 있는데 그것이 믿을 만한 사실인지는 확인되지 않았다. 실제로 볼셰비키는 독일군에서 얻은 것보다 잃은 것이 더 많다는 것은 공공연한 사실이다. 모든 군수품의 수입원은 사실상 거의 완전히 차단되었기 때문이다.

공식 보고서같이 내부에서 입수한 정보에 따르면, 무기와 탄약을 포함한 전쟁 물자는 현재 국내에 보유하고 있는 자원에서 조달했으며, 볼셰비키 정부는 전쟁 수행을 위해 다양한 산업공장을 인수하여 정부 통제하에서 운영했다. 이는 산업이 우려했던 만큼 또는 생각했던 만큼 완전히 붕괴되어 해체되지는 않았다는 것을 입증한다. 공식 보고서의 내용은 이와 동일한 일반적인 주제를 다루고 있는 AP통신사 보도에서 사실 크게 벗어나지 않는다.

정황적 증거로 보면 러시아의 볼셰비키 정부는 대략적이긴 하지만 미국의 민주주주의 정부의 경험과 놀랄 만큼 동일한 것처럼 보인다. 즉 산업 공장의 통제권을 인수하면서 비록 성급하고 혼란을 초래하고 다소 실수가 있었음에도 불구하고, 동일한 공장을 과거처럼 사적 이익을 추구하는 소유자가 개별적으로 운영하는 것보다 정부가 운영하는 것이 더 효율적이라는 것이 입증되었다. 다소 의심스러운 점이 있긴 하나 공식 보고서가 뒷받침하는 정황적 증거를 볼 때, 전반적으로 그러한 방향으로 나아가고 있다고 인정할 수밖에 없다.

운송시스템에서도 명백히 그와 다소 유사한 효과가 나타나고 있다. 볼셰비키 정부는 AP통신사 뉴스가 보도한 것보다 더 많은 운송수단을 인수했으며, 거의 모든 운송수단을 적절하게 수리하여 활용했다. 오늘날에는 군사작전을 성공적으로 수행하려면 충분한 운송시스템이 필요하다는 것은 잘 알려진 사실이다. 많은 불운을 겪었음에도 불구하고 볼셰비키 정부의 군사작전은 전반적으로 실패했다기보다는 분명 성공했다고 인정할 필요가 있다.

여기서 우리가 제시하고 있는 논점에서 볼 때, 그러한 추론은 어느 정도 확실하다. 러시아의 운송시스템은 분명 심히 열악한 상태에 있긴 하나 유수 뉴스 기관들이 제공하는 정보를 접한 사람들이 우려했던 것만큼 완전히 붕괴된 상태는 아니다. 이러한 통신기관들이 선별적으로 표준화하여 제공한 뉴스를 살펴보면, 러시아 철도 시스템은 볼셰비키 정부의 통제권 밖에 있는 시베리아보다는 유럽 러시아에서 더 잘 갖춰져 있고 철도 차량이 잘 정비되고 있음을 알 수 있다. 이는 대체로 시베리아와 유럽 러시아의 철도 및 차량 정비소에 종사하는 직원들이 볼셰비키이기 때문이다.

또한 그들은 시베리아의 도로와 정비소가 비(非)볼셰비키 손에 넘어가자 시베리아의 철도서비스 및 정비소에서 차출되어 동료들과 함께 동일한 작업을 수행하기 위해 러시아로 이주했기 때문이다.

군사작전이 아직도 지속되고 있는 사실을 보면, 확실히 운송시스템은 붕괴된 것 같지는 않다. 1918년에 유럽 러시아의 작황은 대단히 양호한 것으로 알려졌다. 그래서 나라에 귀속되는 식량은 제법 충분하고, 상당수의 인구가 식량을 획득하여 이용하게 될 것이다. 또한 각종 보도에 따르면, 도시 민간인들은 개방된 나라 또는 몇몇 외국으로 탈출하여 평소보다

숫자가 조금 줄어들었다고 지적하고 있다. 다른 나라에서 생계를 이어갈 능력이 있는 계층은 다른 나라로 탈출한 것이 분명하다.

신뢰할 만한 정보가 부재한 탓에 혹자는 도시에 남아 있는 민간인은 주로 거의가 이른바 중간계층이라고 말하는 경향이 있는데 그들은 도시를 벗어날 수 없거나 어딜 가더라도 더 나은 삶의 전망이 보이지 않기 때문이다. 또한 그들은 대부분 상인이거나 그들에게 고용된 직원으로, 생산적 산업에는 거의 이용되지 않고 또 실질적으로 필요한 노동으로는 생계를 유지할 수 있는 기회가 많지 않은 사람들이다. 그들은 소(小)'중개인' 계급에 속하며, 어떤 경우든 불필요하고, 볼셰비키 정부에 의해 사업 활동이 사실상 중단되었다.

미국 대초원 지대 주(州)[6]들에서 불필요하고 중복되는 소매상들을 제거하여 재편하는 과정에서 시골마을 인구의 9할이 쫓겨났는데 이들처럼 러시아 도시에서 쫓겨난 중소 기업인들은 볼셰비키 정권하에서는 아무런 쓸모가 없고 별로 도움이 되지 않는다. 다만 러시아의 볼셰비키 정부는 불필요한 다수의 소매업을 퇴출시킨 반면, 미국의 민주주의 정부는 불필요한 소매상들의 합당한 이익을 보호하기 위해 노력하고 있

---

6 미국 중서부로 주로 미국의 북쪽에 있는 네브래스카, 노스다코타, 미네소타, 미시간, 미주리, 사우스다코타, 아이오와, 오하이오, 위스콘신, 인디애나, 일리노이, 캔자스 주(州) 등지를 말한다―옮긴이.

는 데 차이가 있다. 따라서 볼셰비즘은 소매업과 소매상들에도 위협이 된다.

이런 사실에 비추어 볼 때 다음과 같이 지적할 수 있다. 세부적이고 구체적인 사례들을 보면 도시에서 극심한 곤경 상태에 처한 사람들은 일반적으로 사회적 가치가 낮은 농업에 종사하는 사람들이라기보다는 대개는 사회주의자들이 부르주아지, 중산층, 기업인, 부유층이라고 지칭하는 일부 구성원 또는 부유층 계급에 속하는 사람들임을 확인할 수 있다. 농업에 종사하는 사람들은 대부분 도시를 벗어나 귀촌한 사람들이다.

독일인들이 '군사적 필요성'이라는 이름하에 문명화된 사람들에 대해 냉정하고 가혹하게 평가했는데, 이에 따르면 '부르주아계급'은 볼셰비즘의 어떤 목적에도 쓸모가 없는 또는 심지어 유해한 것으로 간주된다. 볼셰비키 정권하에서 부르주아계급은 '달갑지 않은 시민'이다. 그들은 생산은 하지 않고 소비만 하며, 기회가 있을 때마다 정부를 전복할 음모를 꾸미고 정부가 정책을 수행하는 데 방해한다. 이런 점에 비추어서 '군사적 필요성'이라는 냉정하고 가혹한 평가에 근거하면 다음과 같이 말할 수도 있다. 즉 필수적인 물품을 국내에서 조달하든 그렇지 않든 그리고 운송시스템이 필수적인 물품을 처리할 능력이 있든 그렇지 않든 부르주아계급과 불만을 품은 시민에게 생활필수품을 가질 수 없게 하는 것이 볼셰비키로서는 어쩌면 지혜롭고 편리하다.

  물론 그 결과는 기근으로 나타나고, 그로 인해 많은 불행한 사태가 발생한다. 그러나 볼셰비키는 기근을 국경 내부에 있는 적들을 방어하는 수단으로 이용할 수도 있다. 이는 한때 협상국들[7]이 전쟁하는 동안 독일에 식량 공급을 차단한 것이 세계평화를 위협하는 적들에 대항하는 무기라고 말하는 것과 같다.

볼셰비즘은 누구에게 위협이 되는가?

  지금까지 고려한 사항들은 유감스럽지만 매우 느슨하고 일반적이다. 그러한 고려사항들은 일반적인 동향과 사물의 결말을 신중하게 추측한 것보다 별로 나은 바가 없다. 이제 막 입수한 증거나 신뢰할 만한 것이 못 되는 증거를 가지고 사건들을 세부적으로 분석하는 것은 매우 위험한 일이다. 그러나 볼셰비즘은 국내에 있든 해외에 있든 기득권층에게 위협이 된다는 것은 분명한 사실이다. 러시아 영토 내에서 볼셰비즘의 행동이 계속되면 토지 소유자와 은행, 산업적 기업, 특

---

7 협상국: 1차 세계대전 당시 독일제국, 오스트리아-헝가리제국, 이탈리아 왕국의 삼국 동맹에 대항하기 위해 동맹을 맺은 프랑스와 러시아제국, 영국을 말한다-옮긴이.

히 러시아 도시 소매상의 기득권에 적잖은 위협이 될 것이다.

　마지막에 거론한 러시아의 도시 소매상은 아마도 가장 큰 타격을 입을 것이다. 왜냐하면, 그들은 잃을 것이 비교적 적은데다가 그나마 그것이 그들이 가진 전부이기 때문이다. 전통적인 사회적 가치관에 따르면, 고통을 겪고 있는 특권 계급, 특히 부유층에게 마땅히 가장 많은 동정심을 베풀어야 하겠지만, 실제로 심한 곤경을 겪고 있는 사람들은 분명 소상인 계층이다. 물론 이들도 기득권층으로 분류할 수도 있다. 그러나 보통 사람들도 자신의 몫을 차지한다. 그는 모든 비용을 부담하지만 최종적으로 그 대가로 그들에게 되돌아오는 것은 궁핍과 유혈 사태다.

　그러나 볼셰비즘은 또한 러시아 외부의 기득권층, 특히 러시아 산업 및 천연자원에 투자한 사업가 그리고 러시아 수출입에 관여하는 회사들에도 위협이 된다. 그 외에도 러시아 유가증권에 투자한 사업가에도 위협이 된다. 이 투자자들 중에는 최근에 전쟁을 수행하는 과정에서 이후에 러시아와 연합한 특정 정부들이 포함되며, 특히 러시아제국의 채권을 보유한 사업가들이 포함되어 있다. 이 중 다수가 프랑스 시민으로 알려져 있다. 프랑스 정치인들은 현재 인류 전체의 상태와 특히 러시아 볼셰비즘의 상태를 예의주시하고 있는 원로 정치인들이 일반적으로 생각하는 것보다 볼셰비즘의 위협에 대해 훨씬 날카롭게 인식하고 있었다.

그런데 볼셰비즘의 위협은 러시아의 수입과 자원에 대한 기득권을 가진 다른 나라 일반인에게도 확대된다. 외국에 있는 청구인들의 기득권은 법적으로 도덕적으로 유효하고 정당하다. 따라서 러시아 수입 및 자원에 대한 청구권을 가진 자국 시민의 기득권을 지켜주는 것은 관행상 외국 정부의 의무이다. 실제로, 이들 정부의 의무는 필요한 경우 무력을 사용해서라도 러시아의 수입과 자원에 대한 이러한 기득권을 굳게 지키는 것이다. 이들 정부는 도의상 이러한 의무를 수행하고 있으며, 평소에 그러한 의무를 수행하는 습관을 가지고 있다.

잘 알려졌듯이 전쟁 비용은 평민이 지불하고 있으며, 또한 그렇게 하는 것을 법과 관습에 의해 옳고 선한 것으로 여기고 있다. 평민은 노동 손실, 사회불안, 궁핍, 유혈, 부상에 대한 비용도 지불한다. 그들이 그 대가로 받는 것은 민족적 자긍심이다. 그리하여 기득권층은 자신과 뜻을 같이하는 국가기구 속에서 은신처를 찾고, 이 국가기구로부터 자신들이 러시아에 투자한 금액의 손실을 온전히 보호받는다. 그래서 볼셰비즘은 '우회적인 생산 과정'에 의해 일반인에게도 위협이 된다.

미국이나 프랑스 같은 다른 문명국가들은 볼셰비즘 감염에 대처하는 방안을 고안하느라 다각도로 고심하고 있다. 특히 부유한 시민과 그 시민의 재산을 안전하게 지키는 일을 위임받은 정치인들은 볼셰비즘 감염에 대처하는 방법을 고안하는 일에 착수했다. 실제로 그들은 볼셰비즘의 위협에 대처하는 방법을 고안하려고 서로 협력하고 있다. 그들은 볼셰비즘이 자신들의 재산과 사업에 어떻게 위협이 되는지 일일이 기록하고 있다.

그 문제에 대해서는 더 이상 논쟁할 필요가 없다. 그러한 논쟁을 아무리 끝없이 하더라도 볼셰비즘이 보통 사람과 그의 재산에 궁극적으로 어떤 영향을 미칠지는 명확하게 알 수 없으며, 또 즉각 우려할 필요도 없다. 보통 사람들은 실제로 잃을 기득권이 없어서 볼셰비즘이 초래한 사태에 무관심한 것 같다.

그러나 그러한 성급한 견해는 국가 경제가 무너지거나 권리가 침해될 때 결국에는 평민이 그 비용을 지불하고 노동 손실, 불안, 궁핍, 유혈사태, 상처로 되돌려 받는다는 위대한 교훈을 간과하고 있다. 볼셰비키는 "나는 무엇을 잃는가?"라는 질문에 직면한 평범한 사람인데 그는 "아무것도 없다는" 답변을 남기고 떠나버렸다. 원로 정치인들은 그런 작은 희망이 좌절되지 않도록 대비하느라 분주하게 움직이고 있다.

IX. 볼셰비즘을 택할 것인가 아니면 전쟁을 택할 것인가

평화가 회복된 이후로[1차 세계대전(1914~18년) 직후를 말함 -옮긴이] 문명국가들은 볼셰비즘과 전쟁을 두고 하나를 선택해야 하는 중대한 상황에 직면하게 되었다. 지금까지 어떤 공식적인 선언도 작금의 상태를 명확하게 인지하지 못하고 있었다. 대중 언론도 이 불길한 사태에 대해 아무런 언급을 하지 않고 있으며, 대중 연설가들도 이에 대해 큰 주의를 기울이지 않고 있다. 지금 상황은 대중 언론과 대중 연설가들이 관심을 가질 수밖에 없는 피할 수 없는 필연적인 현실이다. 하지만 아무도 그 상황을 달가워하지 않으며, 사람들은 그 상황이 아무 탈 없이 넘어가기를 바랄 뿐이다. 그런 상황에서

---

* 이 글은 *The Freeman*, Vol. III(May 25, 1921)에 수록되었다.

는 어떤 야심찬 정치가라도 쉽게 결정할 수 없는 딜레마에 빠질 수밖에 없다. 하지만 그런 정치가라도 어느 한쪽을 선택해야만 한다. 자기 운명에 낙천적인 사람은 어느 쪽을 선택하든 그것에 작은 위안을 느낀다.

그러나 주요한 사실에 대해 제법 정보가 밝은 사람은 어쨌든 분명한 입장을 표명할 것이다. 사실 지금은 휴전 이후에 뒤따라오는 황혼같이 흐릿한 평화 속에 깃들어 있는 최대의 가장 명백히 불길한 상황이다. 지금 볼셰비즘과 무익한 전쟁 사이에서 선택을 결정해야 하는 나라들 가운데 미국도 인류의 다른 문명국가와 마찬가지로 같은 상황에 직면해 있다. 미국은 일부 나라에 비해 서둘러 조급하게 결정을 내리지 않아도 되는 상황이지만 다른 일부 나라들보다 결정 시점에 더 가까이 다가가고 있다.

여러 문명국가들이 직면한 문제는 그 두 정책노선 중 어느 것을 자유롭게 선택하느냐가 아니다. 문제는 오히려 상황의 추세이다. 사태의 추세가 이면에서 아직 명백하게 드러나지 않고 있어서 아직까지는 두 정책노선 중에서 어느 쪽을 선택할지 확정하기가 어렵다. 당분간은 전쟁의 추세로 나아갈 것이 분명하다. 그러나 가시적으로 드러나는 추세는 일반 민중들에게서 나타나는 장기간에 걸친 정서의 흐름이 아니라 주로 (지금까지 여러 문명국가의 관련 당국이 실행하고 있는) 정치적 책략의 흐름이다.

정치가의 본분은 정치적 책략의 흐름을 인도하거나 충실하게 따르는 것이다. 그런 정치가가 중대한 선택을 해야 하는 상황에서 아무런 공식적인 언명도 표명하지 않는 것은 어쩌면 정치적 책략의 일환인 침묵으로 보아야 할 것이다. 정치적 책략은 본성상 필연적으로 은밀할 수밖에 없다. 정치가는 자신이 처한 중대한 상황에 대해 전반적으로 무지하면 대중의 신뢰를 받지 못한다. 검열을 받은 신문의 내용도 흐릿한 빛이 약간이라도 있으면 개략적으로 파악할 수 있다. 정보의 출처는 모두 관련 당국이 독점하고 있으며, 관련 사실에 대한 내용은 공무상의 범위를 벗어나지 않는다. 그래서 일반 민중은 자신들의 일상사를 관리하는 공무원을 신뢰하지 않는다.

철저한 민주주의국가에서도 정치에 밝은 정치가는 관련 사실에 대한 지식을 자기 지지자들에게 알려주지 않는 것이 현명하다는 것을 알고 있다. 따라서 고도의 정치적 수완이 있는 정치가가 은밀하게 침묵을 지키고 있다고 해서 그 방면에 대해 무지하다고 생각해서는 안 된다. 그래서 그들이 제시한 여러 제안들과 이미 실행된 조치들 중에는 정치가들이 폭로하지 않는 것이 적절하다고 생각하는 사실들이 많이 있다. 그러므로 특히 중요한 것은 정치적 책략의 가시적인 흐름이 볼셰비즘이 아닌 전쟁의 방향으로 지속적으로 향하고 있다는 사실이다.

볼셰비즘은 기존 법률과 관습을 타파한다

'볼셰비즘'(Bolshevism)이라는 말은 느슨한 기술적(記述的)인 용어이다. 여기서는 볼셰비즘의 통속적인 용법에 정확한 의미를 부여하려고 노력하는 대신에 위와 같은 느슨한 기술적인 용어로 사용한다. 통속적인 용법에서는 아직까지 이 단어를 명확하게 규정하지 않고 있다. 그러나 일반적인 사람들도 그러한 느슨하고 일반적인 용어로도 그 단어의 의미를 충분히 명확하게 이해하고 있다.

이러한 통속적 용법에서는 그 단어는 항상 기존의 경제제도를 타파하는 혁명적 운동을 의미하는 한정된 의미로 사용하고 있다. 볼셰비즘을 찬성하는 사람과 반대하는 사람 사이에는 이런 의미 외에는 그 단어에 대해 이렇다 할 합의가 이루어지지 않고 있다. 볼셰비즘은 구시대의 경제질서를 새로운 경제질서로 때로는 평화적으로 때로는 폭력적으로 대체한다. 어떤 방식을 채택하느냐는 상황에 따라 다르다. 그러나 어떤 경우든 볼셰비즘은 기존의 법률과 관습을 타파한다는 점에서 법률을 위반한다.

볼셰비즘은 어떻게 하든 기존 질서와 갈등 관계에 있는데, 그 갈등은 주로 경제영역에서 발생한다. 그 갈등 지점을 가장 낮은 수준으로 축소하면 '부재자 소유권 불허'(The disallowance of Absentee Ownership)라는 단일 주제에 집중된다. 이

표제 아래서 볼셰비즘과 기존 질서는 양립할 수 없으며, 그 밖의 모든 사소한 갈등들은 대체로 이 주요 표제에서 비롯된다. 아직은 볼셰비즘이 이것 외에 다른 어떤 행동 원리를 수반한다고 가정할 만한 결정적인 근거가 없다. 즉 볼셰비즘 경험은 아직까지 이 하나의 원리와 다른 의미를 가진 행동원리를 보여주거나 찾아낼 기회를 가지지 못했다.

그런데 지금 곳곳에서 문명국가의 경제생활을 지배하고 있는 부재자 소유 제도를 폐기하려는 운동이 등장하고 있다. 그 운동으로 인해 부재 소유자와 일반 민중 간의 갈등이 촉발되고 있다. 그러한 갈등 속에서 정부 당국은 부재자 소유권의 보호자로서 모습을 드러낸다. 정부 당국은 기존 법률과 질서의 보호자이다. 현재 상황에서 기존의 법률과 질서는 정부 당국을 부재자 소유권의 합법적 옹호자의 위치에 올려놓는다.

그러므로 볼셰비즘의 행동원리에서만 보면 현재 통용되고 있는 볼셰비즘에 관한 어떤 정의도 현재로서는 이 조항만은 포함해야 한다. 즉 볼셰비즘은 어떤 결과가 뒤따르더라도 부재자 소유권을 폐지하는 것을 목표로 한다. 그런데 방법 면에서나 방식 및 수단 면에서 보면 볼셰비즘은 소비에트에 헌신한다는 말을 추가할 필요가 있다. 소비에트 조직 형태는 볼셰비즘 정신을 고취시키는 이러한 행동원리를 실행하는 방식과 수단을 지정해 놓았다. 부재자 소유권은 소비에트가 아닌 다른 조직 형태 및 통제 형태에 의해서도 대체할 수 있다고 생각할 수도 있다. 그러나 다른 형태의 통제 방법을 이용하면 볼셰비즘이라 칭할 수 없다. 또한 소비에트 정부 형태를 통해서 부재자 소유권을 폐기하는 것은 볼셰비즘 이외의 다른 용어로 부를 수 없다.

소비에트는 부재자 소유권을 폐지하는 동시에 민주주의와 대의제 정부도 함께 타파하고자 한다. 반드시 그렇게 할 수밖에 없는 것은 민주주의와 대의제 정부는 부재자 소유권을 안전하게 보호하고 이익을 지켜주는 것 이외의 다른 목적에는 무능하고 부적절하기 때문이다. 최근 들어 민주주의적 관습과 법적 해석도 그런 식으로 변모했다. 그러므로 의회 정부와 민주주의 헌법은 볼셰비키 정권이 도입되는 즉시 그 존재 이유는 사라질 운명이다.

소비에트는 그 자체의 요소만 보면 과거에 뉴잉글랜드[1]에서 존재했던 마을회의와 매우 흡사하게 보인다. 사전적 의미로 보면, 소비에트는 '협의체' 또는 '위원회'를 의미한다. 그러나 마을 회의가 관할권 내에서 부재자 소유권의 모든 항목을 인수하게 되면, 그것은 명백히 법과 질서를 전복하는 혁명적인 혁신이다.

---

[1] 뉴잉글랜드(New England): 1620년 영국의 메이플라워호가 처음 도착한 곳으로 현재 미국 북동부의 대서양 연안에 있는 매사추세츠, 코네티컷, 로드아일랜드, 버몬트, 메인, 뉴햄프셔 6개 주(州)로 이루어진 지역을 말한다-옮긴이.

이렇게 볼셰비즘의 성격을 규정하면 무미건조하며, 그러한 성격은 우방국에도 적국에도 전혀 어울리지 않는다. 소비에트의 특성을 그렇게 규정하는 것은 약간의 수사학적 가치만 가질 뿐이다. 소비에트를 옹호하는 사람도 비판하는 사람도 모두 자신들 청중의 감수성을 자극할 때 그 용어를 필요로 한다. 그들은 자신들 청중들의 정서적 이슈(또한 도덕적 이슈)를 부각시킬 필요가 있다. 그래서 청중들을 칭찬할 때도 비난할 때도 그 용어가 필요하다. 그런데 여기서 추구하는 목적은 그들을 칭찬하는 것도 비난하는 것도 아니며 오직 필요한 것은 무미건조한 기술적(記述的)인 용어이다.

지금 문명국가의 정부들이 어떤 정책 노선을 선택할지 고심하면서 전쟁의 대안으로 선택한 것은 객관적 의미의 볼셰비즘이다. 현재 지속되고 있는 전쟁과 호전적 선전에 대응할 수 있는 유일한 대안이 볼셰비즘이라고 해서 볼셰비즘이 반드시 평화를 수반하는 것은 아니다. 요컨대 볼셰비즘과 전쟁 중 하나를 선택하는 것이 평화와 전쟁 중 하나를 선택하는 것일 필요는 없다.

볼셰비즘을 이와 같이 단순하고 객관적인 의미로 정의하는 이유는 부분적으로는 불필요한 불안을 피하기 위해서고, 부분적으로는 볼셰비즘을 무정부주의나 정통 사회주의 또는 철저한 공산주의와의 혼동을 피하기 위해서다. 볼셰비즘과 철저한 공산주의의 차이에 대해서는 충분히 밝혀둘 필요가 있다. 그러나 조심성이 없고 절제되지 않은 비판가들은 볼셰비즘과 사회주의를 혼동하여 그 둘을 함께 비난하는데(특히 사회주의자들에 대해 크게 불신한다), 이는 특이한 일이 아니다.

그러나 볼셰비키와 사회주의자는 어떤 면에서도 서로 닮은 점이 있다는 것을 인정하지 않는다. 실제로 잘 알려져 있듯이, 볼셰비키에게 공인된 사회주의자는 완고한 적대 세력 중 하나이다. 규칙을 엄격하게 준수하는 사회주의자들은 인간 사회를 관류하는 자연법에 의해 소유권은 부재 여부에 관계 없이 모두 결국에는 소멸된다고 지속적으로 말해 왔다. 사회주의자들은 볼셰비즘이 정통 [사회주의] 관념을 혼란에 빠뜨려 그것을 시대에 뒤떨어진 것으로 만들고 있다고 분노한다.

사회주의는 더 이상 쓸모가 없다. 반면에 하지만 볼셰비즘은 그렇지 않다. 공인된 사회주의자들은 자신들이 과거의 유물 속에 있는 양도할 수 없는 특정 권리에 사로잡혀 있다는 것을 알게 될 것이다. 이 모든 것이 우호적인 정신구조에 도움이 되지 않는다. 사회주의자들은 기존의 정치조직을 보존하고 궁극적으로 자신들이 이용하기를 바란다. 하지만 볼셰비키는 그렇게 할 생각이 없다.

볼셰비즘은 지지자들 사이에서 표면적으로는 부재자 소유권의 폐지를 주장하는 운동 그 이상도 그 이하도 아니라는 점에 대해 찬성하는 쪽과 반대하는 쪽 모두 문제를 제기하고 있다. 이 문제는 믿을 만한 출처로부터 몇 가지 문구를 인용하는 것으로는 쉽게 해결할 수 없다. 지금까지 입수한 볼셰비즘 관련 문서들은 대체로 부재자 소유권에 대해 우호적이지 않다. 또한 볼셰비즘은 이 주제에 대해 전혀 일관된 입장을 가지지 않고 있다.

볼셰비즘은 그 관행에서도 그 선언에서도 극심한 궁핍과 압박으로 인해 타협과 편의 사이에서 심하게 동요하고 있다. 그럼에도 볼셰비즘 정책은 이렇게 동요하고 변화하는 상황 속에서도 전반적으로 일관성을 유지하며 정착되었다. 한편, 유용한 재산은 그것을 직접 사용하는 사람에게 소유권이 있다는 것이 볼셰비즘 정책의 핵심적인 부분이라는 것이 점점 명확하게 드러나고 있다. 한편, 사회주의자들 역시 부재자 소유권의 권리를 부정하기 때문에 볼셰비키의 적은 명백히 사회주의자들의 적이다. 그 외 다른 이유는 없다.

부재자 소유권을 위협하는 볼셰비즘

볼셰비즘은 부재자 소유권을 위협한다. 부재자 소유권은 볼셰비즘에게는 용서할 수 없는 대죄이다. 부재자 소유권은 기존 법률과 질서에 반하는 대죄인 까닭에 죽음을 면치 못하는 중죄이다. 부재자 소유권을 불허하는 것은 기존의 경제질서와 정치질서의 기반을 잘라내는 것이다. 볼셰비즘은 좋든 나쁘든 기존의 법과 질서, 관습을 무너뜨리고 나아가서는 현재의 유럽문명을 종식시키려 한다. 볼셰비즘은 문명국가의 관련 당국이 옹호하는 것이라면 모두 반대한다.

볼셰비즘은 일반 민중의 편에서 관련 당국에 대항하는 반란으로 볼 수도 있다. 관련 당국은 그 직책 덕분에 부재자 소유권의 후견자 역할을 하고 있다. 문명국가의 관련 당국은 많은 분야에 주의를 기울이고 있지만 그것들은 모두 부재자 소유권에 비하면 사소한 것들이다. 시민의 사소한 이익은 국가의 중대한 이익에 도움이 되는 경우에만 관련 당국에 공식적으로 효과적인 보호를 요청할 수 있다. 민주주의 정부는 반드시 그렇게 해야 한다. 왜냐하면, 모든 민주주의국가의 민주주의 정부는 최근에 형성되었고, 그런 만큼 그 나라들은 승인된 조건 내에서만 민주적이기 때문이다.

상당수의 시민 중에서 상당수가 많은 재산을 소유한 부재 소유자이다. 현재의 민주주의정부는 재산 있는 시민에 의한, 재산 있는 시민을 위한, 일반 민중의 정부이다. 반면에 볼셰비즘 정부가 존재한다면 그것은 재산 없는 시민에 의한, 재산 없는 시민을 위한, 일반 민중의 정부가 될 것이다. 이러한 정부는 모든 현행 민주주의 관습에 위배된다. 그리하여 이들 민주주의국가의 운명을 책임지고 있는 모든 정치인들의 첫 번째 의무는 공정한 것이든 비열한 것이든 모든 수단을 동원해 볼셰비즘 성격을 띤 대중운동은 모조리 진압하는 것이다.

전쟁 기간 동안 전쟁이 끝난 후에 많은 상황이 변화함에 따라 민주주의국가들에서 중대한 변화가 일어났다. 건전하고 신중한 정치인들은 볼셰비즘 위협에서 벗어나는 의무를 수행해야 하는데 이들이 실제로 선택할 수 있는 유일한 정책은 기업을 더욱 호전적이도록 만들어 끊임없이 전쟁 준비를 하고, 일반 민중에게 호전적 기질을 함양하는 것이다. 현재 문명국가들은 비록 공개적이지는 않지만 이러한 정책을 적극적으로 실행하고 있다. 이러한 정책노선은 볼셰비즘의 공포를 상당 기간 유예시켜 줄 것으로 전망된다.

이러한 정책에 소요되는 비용이 아주 높을 것으로 예상되나 그로 인한 이득을 감안하면 그만한 비용은 치를 만한 가치가 있다. 그렇지만 그에 따른 혜택은 재산이 있는 시민에게 돌아가는 반면 그 비용은 일반 민중이 부담하게 된다. 모든 문명국가들의 관련 당국은 딜레마를 벗어나기 위해 유창한 말로 거부하는 듯하면서도 확실히 이 방법을 선택했다. 휴전 이후에 평화가 다가왔지만 그러는 가운데서도 군비를 증강하고, 민족경계심을 고양하고, 끊임없이 일반 민중에게 민족주의를 선전하고 있다.

실제로 모든 볼셰비즘의 변덕과 환상을 바로잡아 주려면 일반 민중에게 애국적 증오심을 심어주고 투철한 준법정신으로 권위에 복종하게 해야 한다. 호전적 기업과 호전적 선전은 일반 민중에게 애국적 기질을 함양하며, 아울러 당국에 절대적인 복종을 요구한다. 호전적 기업과 호전적 선전은 또한 일반 민중이 볼셰비즘에 감염되어 경제적 불만을 가지지 않도록 방지하는 데 활용되기도 한다. 지금으로서는 그런 목적을 달성하는 데는 다른 방도가 없다. 애국심과 호전적 기업은 그 이외의 용도로는 사용되지 않는다.

문명국가의 일반 민중이 투철한 애국심과 민족적 질투심에 사로잡히게 되면 나라 안에서 막대한 부를 소유한 부유층과 궁핍한 빈곤층 사이의 분할이 수면 아래로 사라지게 된다. 민족 증오심으로 가득 찬 교향곡이 온 나라 안에서 울려 퍼지고, 부재자 소유권은 더 이상 위협을 받지 않고 안전하게 지켜진다. 그러나 사회 속으로 평화 상태가 침투해 들어오는 즉시 일반 민중은 기존의 법질서 체계하에서 사실상의 상속권 박탈에 대해 면밀히 검토할 것이다. 현재로서는 좋든 싫든 결국에는 일반 민중이 모두 적기(敵旗) 아래로 몰려드는 방향으로 정서의 흐름이 흘러갈 것이다. 예기치 않게 방해하는 요인이 나타나지 않는다면 부재자 소유권은 더 이상 안전을 보장할 수 없다.

미국은 확실히 아직 그러한 상태와는 거리가 멀지만 조만간 그러한 방향으로 나아갈 전망이다. 어떤 사회에서든 사유습관은 서서히 외부의 압력이 있어야만 변화한다. 그러나 새로운 조건의 압력이 매우 심하고 균일하며 지속적이면 아무리 사회가 안정되어 있더라도 전통적인 사유습관은 광범위하게 변화할 수밖에 없다.

'전쟁과 전쟁 소문'은 이러한 불행한 사태를 미리 안정시켜준다. 이 중에서도 정신이 붕괴되어 불행한 사태가 초래되는 것을 피하기 위해 추구해야 하는 것은 호전적 기업과 군대 규율이 가진 정신적 혜택이다. 호전적 기업이 비록 물적 측면에서는 아무런 이득도 가져다주지 않지만, 부재자 소유권을 지속적으로 안전하게 지키고 부재자 소유권에 기초하고 있는 법률 및 관습 체계를 지속적으로 유지하기 위해서는 사회 내에서 사유습관을 복원, 강화해야 한다. 물론 전비 지출에 의한 물적 손실은 상당하다. 그 손실은 이 나라[미국]의 현재 연방지출의 90%에 맞먹는다.

부재자 소유권을 지키기 위한 기득권 세력의 '전쟁기도와 전쟁소문'

미국은 겉으로는 부인하고 있는 것 같지만 항상 기회가 되면 전쟁에 참여하고 있다. 그러나 전쟁 지출에 의한 비물질적, 정신적 혜택은 별개의 문제이며 별도의 가치를 가진다. 호전적 기업은 모든 외부인에 대해 일치단결하여 민족적 증오심을 함양하고, 군대 규율은 일반 민중에게 무조건 복종하는 기질을 심어주며 합법적 권위에 무조건 순종하게 만든다.

항변해서는 안 된다
이유를 따져서도 안 된다
행동하지 않으면 죽음뿐이다

이것들은 모두 때로는 건전하게 들릴 수도 있다.

문명국가의 운명을 인도하는 정치가들은, 일반 민중의 관심이 국가의 명성 및 애국심 같은 정신적 가치를 벗어나게 될 경우에 뒤따르는 것이 걱정스러울 뿐만 아니라, 부재자 소유권과 산업시스템의 통제에 의해 결정되는 물적 상황을 심사숙고해야 한다. 이미 여러 나라들에서 밝혀진 바와 같이, 현재 상황에서 일반 민중들에게 소유권과 산업 통제권을 폐기하면 잃을 것이 많다고 설득하기는 매우 어렵다. 이는 더 나은 제도가 고안되어 기존 제도를 대신할 준비가 되어서가 아니라 단지 기존 제도가 나라의 산업과 국민이 소유한 물적 재산을 보살피는 데 부적합하다고 입증되었기 때문이다.

지금 문명국가들에서 활개 치고 있는 볼셰비즘 바람과 그에 따른 볼셰비키의 무모한 행동을 억제할 수 있는 것은 현세대에 남아 있는 낡은 보수주의, 실제로는 과거의 낡은 정신적 잔존물뿐이다. 하지만 그런 정신적 잔존물이 존재하는 상황에서는 부재자 소유권이 그 나라의 산업체계 전체 속으로 파고들지 못했으며, 민족적 질투심도 확고하게 싹트지 못했다. 기존의 경제질서와 정치질서는 얼마 전에 사라져 지금은 존재하지 않는 낡은 물적 상황에 의지하고 있다. 이런 상황은 실제로는 과거의 낡은 정신적 잔존물을 인위적으로 보존하는 경우에만 유지된다.

얼마 전 과거의 경험은 기업이 가진 기존의 소유권 및 통제권 제도가 더 이상 작동하지 않는다는 것을 명백하게 보여주었다. 산업기술의 상태는 급격하게 변화하고 있는데 인간 본성은 예전 그대로여서 기존의 소유권 및 통제권 질서를 가지고는 더 이상 한 나라 인구의 생계수단을 적절하게 산출할 만큼 산업을 운영할 수가 없다. 이는 더 나은 체계가 고안되어 기존의 낡은 체계를 대체할 준비가 되었다는 것이 아니라 다만 기존의 기업이 가진 통제권이 더 이상 작동하지 않는다는 것을 의미한다. 달리 말해 아직 낙관주의를 펼 만큼 안전한 기반이 조성되지 않았다는 것을 의미한다.

현재의 비상사태는 이 문제를 시험대 위에 올려놓았다. 전쟁과 휴전은 부재자 소유권과 기업을 평소와 같이 안전하게 해주었다. 모든 문명국가는 생산적 산업의 완전한 가동을 절실히 필요로 한다. 지금은 역사상 가장 능률적인 산업 장비, 가장 풍부한 천연자원, 가장 지적 수준이 높은 숙련된 산업 인력을 갖추고 있다. 부재자 소유권 및 기업 규칙에 따라 유례없는 그러한 산업 자원을 평소와 같이 이용하기 위해 지난 2년 반 동안 산업 우두머리와 거물 정치가들은 합심하여 함께 노력했다.

그런데 지금까지 그들이 함께 노력하여 이룬 최상의 결과는 기근, 역병, 붉은 폭동의 악몽으로 얼룩진 반쯤 마취된 불안한 상태이다. 지금 문명국가들이 약간 의구심을 가지고 있으면서도 낙관적으로 기대하는 것은 부재자 소유권과 기업을 지속적으로 잘 유지하면 이와 같은 극심하게 불행한 상황이 더 악화되지는 않을 거라는 것이다. 그런데 예년과 다른 풍작과 유리한 기상 조건에도 불구하고 전쟁[미서전쟁(1898)을 말함-옮긴이]이 끝난 후 2년 반 동안 상황은 현저하게 악화되었다. 부재자 소유권과 기업은 한 나라의 산업의 요구와는 그 의도가 배치된다. 이 모든 사실은 정치가는 억압적인 조치를 취하여 대중이 어떤 일에 분노하게 만드는 것이 현명하다는 것을 입증한다.

찾아보기

(ㄱ)

가부장제 26, 52~55, 72, 75, 81, 82
고등비평 124
공자 133
공장 폐쇄 153, 154
과시 수단 31
과시적 낭비 33, 38
과시적 소비 9, 40
과잉생산 155
과학 숭배 125, 127
과학적 정신 138
관습적 사실 74
극화 134, 136, 140~142
기계적 사실 66
기독교국가 90, 121, 123
기득권 14, 16, 75, 153, 154, 159, 162~168, 176~180, 182, 188, 189~191, 205

(ㄴ)

낭비 29~34, 37, 38, 100, 164

(ㄷ)

대의제 정부 198
대향적 128, 129
독일제국 16, 169, 188

(ㄹ)

러시아민주혁명 174
뢰브 129

(ㅁ)

마법 의례 51, 69, 137
문화적 사실 74, 118
물질적 사실 65
물활론 51, 131, 137, 139
민속심리학 66

(ㅂ)
보호관세 165
보호 모방 51
복장 23, 24, 33, 34, 36, 37, 97
부재자 소유권 196, 197, 198, 200~202, 204~208
불로소득 160~162, 165, 180
비인격적 99, 112, 122, 128, 129, 141~143, 145

(ㅅ)
사무엘 스마일스 133, 134
사유습관 45, 48, 54, 59, 66~68, 78, 82, 93, 94, 101, 106, 108, 118, 135, 144, 179~181, 204, 205
사회주의 12, 13, 15, 61, 172, 177, 187, 199, 200, 201
산업 능률 36, 107, 108, 114
산업사회 64
생디칼리스트 151, 152

생산적 노동 61~65
생존 투쟁 42, 97, 99, 122
선택 과정 96, 105, 110
소비에트 175~177, 197~199
스포츠 39, 76, 97, 98, 102~104, 117, 118
신사고 123, 124
신체적 안락 23, 24, 38
실업 154, 156, 158
실용적 127~129, 131~133, 137, 138, 139, 143

(ㅇ)
애국심 204, 206
약탈 15, 42, 43, 45~47, 49, 52, 55, 56, 58, 77~79, 80, 85, 87, 102, 104, 108, 109, 110, 113~117, 135, 136, 152, 182
어린이 39, 40, 63
용맹성 45, 48, 52, 65, 75, 76, 81, 115, 116
유휴 공장 156, 158

의사 소유권 71
의상 21, 23~27, 29, 31~39, 152
인도 63, 93, 94, 98, 124, 134, 195, 206
일반 민중 165, 169, 176, 194, 195, 197, 202~206
일부다처제 53
입헌민주당 176

(ㅈ)
자본화 159~161
자연권 62~65
자연선택 97, 128
장식 원리 25, 38
전족 35
절단 35
정신적 사실 118
정치적 책략 124, 194, 195
제작능력 85, 95, 100, 101, 104, 105, 109, 110, 112, 123, 139, 140
주식회사 160, 161

중국 35, 123, 134
중상주의자 164
집단유전 88~90

(ㅊ)
착용자 26, 31, 35, 37, 38
치마 35

(ㅋ)
케렌스키 176, 177

(ㅌ)
티베트 69, 124

(ㅍ)
파업 151, 153, 154

(ㅎ)
하이힐 35
행위자 10, 64, 71, 98, 99, 105, 107, 109, 111, 112, 129, 137, 139, 145
현대 심리학 127, 128, 133
호기심 59, 89, 130, 131,

132, 134, 137, 138, 140
혼란 12, 14, 16, 62, 161,
    184, 200
활동 14, 23, 34~37, 45, 76,
    77, 92, 96, 105, 114, 121,
    131, 134, 137, 141, 142,
    149, 150, 152, 154, 155,
    160, 163, 165, 167, 177,
    180, 181, 186